JN189979

大川隆法
Ryuho Okawa

CO₂排出削減は正しいか

On Carbon footprints reducing
—Why Greta gets angry?

CO$_2$排出削減は正しいか
なぜ、グレタは怒っているのか？

On Carbon footprints reducing
― Why Greta gets angry?

Preface

Just recently, the 16-year-old Swedish girl Greta Thunberg gave a mad speech at the UN meeting for environmental problems. She is famous for starting demonstrations of millions all over the world.

She may think that her worst enemy is President Trump, and also be angry about Japan's no-reaction attitude. It took her 15 days to cross the Atlantic Ocean by yacht, and she joined in the UN meeting, stared at President Trump, scolded the adults, and said angrily about giving back the children their future. I must not be the only one who felt she had "something" that peaceful environmentalists don't have. In this book, we did a spiritual reading on the being who is guiding her.

In conclusion, I want to say there is a cycle to global warming, and occurrence of CO_2 is not the only reason. Ancient Earth was a burning Hell covered in

まえがき

つい先ごろ、国連の環境問題についての会議で、鬼気迫る演説をした16歳のスウェーデン少女グレタ・トゥーンベリ氏のことは、全世界に何百万人ものデモを起こし有名だろう。

彼女は、一番の敵をトランプ大統領とし、無反応の日本にも腹が立っていることだろう。15日もかけてヨットで大西洋を渡り、国連に参加し、トランプ大統領をにらみつけ、大人たちを叱りつけ、子供たちの未来を返せと怒る彼女に、平和な環境論者にはない"何か"を感じとったのは私一人ではあるまい。彼女を指導している霊的な背景を探ったのが本書である。

結論から言えば、地球温暖化には周期性があり、CO_2の発生だけが原因とはいえない。原始地球はマグマだらけの灼熱地獄だった。火山噴火によって火山灰とCO_2は天

magma. Due to volcanic eruption, the volcanic ash and CO_2 covered the earth. Now, the global warming's last stage of the 10,000 year cycle is coming. Climate change causes the transition in civilization. However, it is also one of the providences of God. Ms. Greta and her supporters should know this.

Oct. 25, 2019

Master & CEO of Happy Science Group

Ryuho Okawa

地をおおっていた。今はこの一万年期の地球温暖化の終末期が近づいている。気候変動は文明の移動を起こす。しかし、それも神の摂理の一つであることを、グレタ氏とその賛同者は知るがよい。

2019 年 10 月 25 日

幸福の科学グループ創始者兼総裁

大川隆法

Contents

（目次）

* These spiritual interviews were conducted in English. The Japanese text is a translation.

※本書は、英語で収録された霊言に和訳を付けたものです。

This book is the transcript of spiritual interviews with the spirits who have influence on Miss Greta Thunberg.

These spiritual messages were channeled through Ryuho Okawa. However, please note that because of his high level of enlightenment, his way of receiving spiritual messages is fundamentally different from other psychic mediums who undergo trances and are completely taken over by the spirits they are channeling.

It should be noted that these spiritual messages are opinions of the individual spirits and may contradict the ideas or teachings of the Happy Science Group.

本書は、グレタ・トゥーンベリ氏に影響を与えている霊人の霊言を収録したものである。

　「霊言現象」とは、あの世の霊存在の言葉を語り下ろす現象のことをいう。これは高度な悟りを開いた者に特有のものであり、「霊媒現象」（トランス状態になって意識を失い、霊が一方的にしゃべる現象）とは異なる。

　また、「霊言」は、あくまでも霊人の意見であり、幸福の科学グループとしての見解と矛盾する内容を含む場合がある点、付記しておきたい。

On Carbon Footprints reducing
—Why Greta gets angry?

September 25, 2019 at Happy Science Special Lecture Hall, Tokyo

CO₂ 排出削減は正しいか

なぜ、グレタは怒っているのか？

2019 年 9 月 25 日　東京都・幸福の科学特別説法堂にて

Greta Thunberg (2003–Present)

An environmental activist from Stockholm, Sweden. She began the school climate strike in August 2018. It became a worldwide movement, and on September 20, 2019, protests were held in many places across the world, with more than four million young people participating in 163 countries. She gave a speech at the UN Climate Action Summit three days later on September 23. Her SNS accounts state that she has Asperger's Syndrome.

Interviewers from Happy Science

Masayuki Isono

Executive Director
Chief of Overseas Missionary Work Promotion Office
Deputy Chief Secretary, First Secretarial Division
Religious Affairs Headquarters

Motohisa Fujii

Associate Director
Special Assistant to Religious Affairs Headquarters
Director General of International Politics Division

Toshimitsu Yoshii

General Manager of International Politics Division
Religious Affairs Headquarters

★ Interviewers are listed in the order that they appear in the transcript.
  Their professional titles represent their positions at the time of the interview.

グレタ・トゥーンベリ（2003 〜）

スウェーデン・ストックホルム在住の環境活動家。2018 年 8 月から、学校を休んで地球温暖化対策を政府に訴える「学校ストライキ」を始める。この運動は世界中に広がり、2019 年 9 月 20 日には世界各地でデモが行われ、163 カ国で 400 万人以上の子供や若者が参加したと言われている。同月 23 日、国連本部で開かれた気候行動サミットに参加し、スピーチを行った。また、SNS 等で自身がアスペルガー症候群であることを公表している。

質問者（幸福の科学）

磯野将之（理事 兼 宗務本部海外伝道推進室長 兼
　　　　　第一秘書局担当局長）

藤井幹久（宗務本部特命担当国際政治局長〔参事〕）

吉井利光（宗務本部国際政治局部長）

※質問順。役職は収録当時のもの。

1 Who Gave Spiritual Influence On Miss Greta Thunberg?

Ryuho Okawa Thank you so much for coming today. Good evening.

One problem has attracted me. At the conference of the UN, only 16-year-old, young girl named Greta Thunberg from Sweden made a small speech, and it was broadcasted through a lot of newspapers and on TV. It was a very, very small speech, but I felt something

1　少女グレタに霊的影響を与えている者の調査を試みる

大川隆法　本日はお集まりいただき、ありがとうございます。こんばんは。

　ある問題に興味を引かれました。国連の会議で、スウェーデンのグレタ・トゥーンベリという名の、まだ16歳の少女が短い演説をして、多くの新聞やテレビで報道されました。非常に短い演説だったのですが、何か難しい、正気でないものが感じられました。彼女が言ったことが良い意見

Greta Thunberg giving a speech at the United Nations Climate Action Summit on September 23, 2019 in New York, U.S.A.
2019年9月23日、アメリカ・ニューヨークにある国連本部で開かれた気候行動サミットで演説するグレタ・トゥーンベリ氏。

difficult and mad thing about that. What she said is a good opinion or not, or in another way, I will say, does it come from God or a god-like existence, or only from herself or her guardian spirit? Or, is there any other influence on her? She is a small girl, but she stared at Mr. President Donald Trump and it's very, how do I say, angry god or devil-like face, so we need a conclusion, and this is our mission. I think so.

The world is getting a great impact from her speech because this is regarding the global warming, a very famous problem, and it's very difficult to realize in reality. Every country has its own reason to reduce or to produce CO_2, so it's not so easy to make a promise with her.

This only 16-year-old young girl came from Stockholm, Sweden. And from the U.K., United Kingdom, to New York, she used a yacht, by dint of electric power of wind and solar panel, and it took 15 days. I think it's brave, but if we, all the grown-up

なのかどうか、あるいは別の言い方をすれば、神あるいは神近き存在からきているものなのか、あくまで彼女自身の意見なのか、守護霊なのか。あるいは何かほかの影響が彼女に臨んでいるのか。小さな少女なのにドナルド・トランプ大統領をにらみつけて、実に、何と言いますか、「怒れる神」か「悪魔的」とでも言うべき表情でしたので、結論を出す必要がありますし、それが私たちの使命かと思います。

　地球温暖化という非常に広く知られた問題に関することなので、彼女の演説は全世界に大きな衝撃を与えつつありますが、実際にはそれを実感するのはきわめて難しいことです。CO_2 の削減や排出に関しては各国にそれぞれ事情がありますので、それほど簡単に彼女に約束できるようなものではありません。

　この、まだ 16 歳の少女は、スウェーデンのストックホルムの人です。イギリスからニューヨークまでは、風力と太陽光パネルの電力を使用するヨットでやって来て、15 日かかったそうです。勇気があるとは思いますが、大人たちが全員、そうした風力や太陽光パネルしか使わないとし

people, used such kind of wind and solar panel only, we cannot keep our modern civilization.

She got very angry about that, and she also said that, "My message is that we'll be watching you!" It means "watching grown-up people who easily speak false things," she wants to say so. "This is all wrong. I shouldn't be up here. I should be back in school on the other side of the ocean, yet you all come to us young people for hope. How dare you!" And she said, "You have stolen my dreams and my childhood with your empty words," like that.

Some people say she has Asperger Syndrome and ADHD or another syndrome, but she started this global warming problem in 2018, and next 2019, she made a speech at Davos (World Economic Forum Annual Meeting). She already is a Nobel Peace Prize laureate nominee, and *TIME* magazine has chosen her as one of the "100 Most Influential People of the World."

たら、現代文明を維持することはできません。

　彼女はそのことで非常に怒っていましたし、「私からのメッセージはこうです。『私たちは、あなたたちを見張っています！』」とも言っていました。事実と違うことを平気で言う大人たちを見張っているということです。「こんなことは全部、間違っています。私はこんな場所にいるべきではなく、海の向こうで学校に通っているべきなのに、あなたたちは私たち若者に希望を見出そうと言って集まっています。よく、そんなことができますね！」。そして、「あなたたちの空っぽな言葉のせいで、私は夢も子供時代も奪われてしまいました」などと言っていました。

　彼女はアスペルガー症候群であるとか、ADHD 等の症候群だと言っている人もいますが、2018 年にこの地球温暖化問題に取り組み始め、翌 2019 年にはダボス（世界経済フォーラム年次総会）でスピーチをしています。すでにノーベル平和賞の候補者に挙げられ、タイム誌の「世界で最も影響力のある 100 人」の一人に選ばれています。そして今回 9 月 23 日にスピーチをしたわけです。

And she did the speech this September 23.

So, on Greta's carbon footprints[*] reducing, or in another old-fashioned saying, carbon dioxide or CO_2 emission problem, is it true or not, I have something to say, but firstly, I'll make a spiritual reading of her. "What influenced her? Is this her guardian spirit or guardian angel, or near-God angel, or quite opposite to them, or alien-like existence has some power on her?" I want to know about that.

This is very important for our 21st century's people, so I have an opinion, but before that, I want to check, "Is this just her [•]soul brother's opinion, or another big guy or spiritual beings, are there several, or alien-like spiritual being?" I want to know about

---

[*] The amount of carbon dioxide (CO_2) emitted by products or services. It includes getting raw materials, manufacturing, distribution, sales, and disposal. "Carbon" means CO_2, and "footprint" means the amount of CO_2 emission.

[•] In the fundamental meaning, the human soul has six parts; one core soul and five branch souls, and they are called "soul siblings." They are a part of the soul of a living person, and are also called the subconscious. See Ryuho Okawa, *The Laws of the Sun* (New York: IRH Press, 2018).

　このグレタの、「カーボンフットプリント（注）の削減」、古い言い方で言えば「二酸化炭素、CO_2排出量問題」が真実であるかどうかについては、私としても言いたいことはあるのですが、まずは彼女のスピリチュアル・リーディングをやってみて、「何が彼女に影響を与えていたのか。守護霊あるいは守護天使か、神近き天使か、あるいはそれらとはまったく逆のものであるのか、もしくは宇宙人のような存在が彼女に力を及ぼしているのか」。その点を知りたいと思います。

　これは、21世紀の人類にとって非常に重要なことですので、私としても意見はありますが、その前に、「これは単に、彼女の魂のきょうだいの意見なのか、それとも別の大物や霊的存在が何人かいるのか。あるいは宇宙人のような霊的存在なのか」をチェックしたいと思います。彼女に

（注）商品やサービスについて、原材料の調達から製造・流通・販売・廃棄に至るまでに排出される「二酸化炭素の排出量」を示したもの。カーボン（炭素）は二酸化炭素、フットプリント（足跡）は排出量を指している。

●魂のきょうだい　人間の魂は、原則として、「1名の本体と5名の分身」のグループからなり、同じグループに属するほかの魂のことを「魂のきょうだい」と呼ぶ。魂のきょうだいは、その人の魂の一部であり、表に出ていない「潜在意識」の部分に当たる。『太陽の法』（幸福の科学出版刊）参照。

that. So, I'll call the one who gave her most powerful influence, so please check it. As a 16-year-old student girl, I think it's difficult to speak more than five or ten minutes, but if another greater one is with her, it will have some great opinion, I mean, what is the real aim of this opinion? I want to know about this.

OK then, I'll call. [*To the interviewers*] Do you understand what I mean? OK? Almost 77 countries have promised that they will stop emission of CO_2 by 2050, but she said, "I cannot believe that." OK. I'll then examine.

What was the spiritual influence on
Miss Greta Thunberg at the UN conference?
Could I ask who has most powerful influence on
Miss Greta Thunberg?
Could you come down here to Happy Science
And appear before us?
Are you her soul brother or guardian spirit,

最も強く影響を与えていた存在を呼び出しますので、調べてみてください。16歳の女子学生としては5分か10分以上話すことは難しいとは思いますが、「別の大きな者」が彼女についている場合は、何か立派な意見があるかもしれません。要は、この発言の本当の目的は何なのかを探ってみたいと思います。

　はい、それでは呼んでみますね。（質問者たちに）わかりましたか。よろしいですか。約77カ国が2050年までにCO_2の排出をやめると約束していますが、彼女は「そんなことは信用できません」と言っています。はい、それでは調べてみたいと思います。

　国連の会議でグレタ・トゥーンベリさんに
　霊的影響を与えたものは何であったのか。
　グレタ・トゥーンベリさんに
　最も強い影響力を与えている方にお願いいたします。
　幸福の科学に降りたまいて
　われらの前にその姿を現したまえ。
　あなたは彼女の魂のきょうだいでしょうか、守護霊で

Or another one?

I don't know, I just ask

What is most important influence

And who made influence on her.

[*17 seconds of silence*.]

しょうか、

それとも別のものでしょうか、

存じあげませんが、

いちばん影響を与えているもの、

彼女に影響を与えた方にお聞きしたいと思います。

（17秒の沈黙）

2 The Spirit's Warning: Noah's Great Flood Will Occur Again

The purpose is "climate justice"

Spirit 1 [*Coughs.*]

Isono Hello.

Spirit 1 [*Coughs.*]

Isono Hello.

Spirit 1 Hmm? [*Coughs.*]

Isono Can you hear me? Can you speak?

Spirit 1 Hmm?

2　グレタに影響する霊人が 「ノアの大洪水、再び」を警告

目的は「気候正義」

霊人1　（咳）

磯野　こんにちは。

霊人1　（咳）

磯野　こんにちは。

霊人1　うん？（咳）

磯野　私の声が聞こえますか。話せますか。

霊人1　うん？

Isono Can you speak?

Spirit 1 I cannot believe you.

Isono Why?

Spirit 1 Who are you?

Isono No, no. Who are *you*?

Spirit 1 Who are you? Who are you?

Isono We are Happy Science staff members…

Spirit 1 I don't know. I don't know Happy Science. Who are you?

Isono We are Japanese.

磯野　話せますか。

霊人1　あなたなんか信じられない。

磯野　どうしてですか。

霊人1　あなたは誰ですか。

磯野　いえいえ、あなたこそ誰ですか。

霊人1　誰なの。誰なんですか。

磯野　私たちは幸福の科学の職員で……。

霊人1　知りません。幸福の科学なんて知りません。あなたは誰なんですか。

磯野　私たちは日本人です。

Spirit 1 Japanese?

Isono Yes.

Spirit 1 Japan is a bad country.

Isono No. Japan is a good country.

Spirit 1 No. You have a lot of CO_2 emission.

Isono Yes, but…

Spirit 1 Do you know Mr. Prime Minister Abe's gigantic balloon in front of the city hall or library[*]? Some people hate Prime Minister Abe. You, Japanese, did bad things to climate change. Hmm!

Fujii Are you the person who made a speech at the

---

[*] On September 23, 2019 in New York, U.S.A., climate activists launched a balloon of Japanese Prime Minister Shinzo Abe, protesting to the Japanese government for being the only G7 country to support coal power generation.

霊人1　日本人？

磯野　はい。

霊人1　日本は悪い国です。

磯野　いいえ。日本は良い国です。

霊人1　ノー。CO_2 をたくさん排出しているでしょう。

磯野　それはそうですが……。

霊人1　安倍首相の大きなバルーン（風船人形）、市役所か図書館の前の（注）。知ってますか。安倍首相は嫌われてるんですよ。あなたたち日本人は、気候変動にとって悪いことをしたんです。うん！

藤井　あなたは国連の会議でスピーチをした方ですか。

（注）2019 年 9 月 23 日、ニューヨークで、環境保護団体などが安倍晋三首相に模したバルーンを使い、G7 諸国のなかで唯一石炭火力発電を推進している日本政府に抗議した。

United Nations conference?

Spirit 1 Of course! Of course!

Isono So, are you Miss Greta Thunberg?

Spirit 1 Hm?

Isono Are you Miss Greta Thunberg herself?

Spirit 1 Hmm… I'm with her. I'm with her. Almost, yeah, almost, I am almost Greta.

Isono I think you are a guardian spirit of Miss Greta Thunberg.

Spirit 1 "Guardian spirit", hmm…

Isono Guardian spirit is a part of her subconsciousness.

霊人1　決まってるじゃないですか！

磯野　では、グレタ・トゥーンベリさんですね。

霊人1　うん？

磯野　グレタ・トゥーンベリさん、ご本人ですか。

霊人1　うーん……一緒にいます。彼女とは一緒です。ほぼ、はい、ほぼグレタです。

磯野　グレタ・トゥーンベリさんの守護霊でいらっしゃると思うのですが。

霊人1　「守護霊」、うーん……。

磯野　守護霊というのは、彼女の潜在意識の一部です。

Spirit 1 Hmm…

Isono So, you are a part of her.

Spirit 1 Not the subconsciousness. I am the… the teacher of her superficial consciousness.

Isono Uh huh. So, you gave her inspiration or some instruction, what to say at the United Nations. Correct?

Spirit 1 Correct.

Isono OK.

Spirit 1 Uh huh.

Isono Miss Greta's speech at the United Nations made a huge impact across the globe.

霊人1　うーん……。

磯野　ですから、あなたは彼女の一部ですね。

霊人1　潜在意識じゃないです。私は……彼女の表面意識の先生です。

磯野　なるほど。では、あなたは彼女が国連で何を言うか、インスピレーションあるいは指示を与えたということでよろしいでしょうか。

霊人1　そうですよ。

磯野　わかりました。

霊人1　ええ、はい。

磯野　グレタさんの国連でのスピーチは、世界中に大変なインパクトを与えました。

Spirit 1 Uh huh.

Isono And I was so shocked to watch your speech. You used very harsh and aggressive words, and you criticized global leaders, that they are liars.

Spirit 1 Hmm, yeah, liars. True. Truly, truly.

Isono What was the purpose or aim of your speech at the United Nations?

Spirit 1 Climate justice.

Isono Climate justice?

Spirit 1 Hmm.

Isono What do you think is climate justice?

霊人1　はい。

磯野　私はあなたのスピーチを見てとても衝撃を受けました。非常にきつい、攻撃的な言葉を使っていましたし、世界の指導者たちを「嘘つき」であると批判していました。

霊人1　うん、そうです、嘘つき。そのとおりです。まさにそうです。

磯野　あなたの国連でのスピーチは、何が目的あるいは、ねらいだったのでしょうか。

霊人1　「気候正義」です。

磯野　気候正義？

霊人1　ええ。

磯野　気候正義とは何だと思われますか。

Spirit 1 People will die completely in the near future, in this century, so we must stop it.

Isono We must stop emission of CO_2?

Spirit 1 Yeah, yeah.

America is "the champion of the devils"

Isono Then, are you saying we shouldn't or we must not use any electricity made by fossil fuel? Or, are you proposing that all people around the world should use solar power or wind power? Are you insisting so?

Spirit 1 The resource is not the problem. We will be under the sea in the near future, when I will be grown up, maybe 40 or 50, or like that. We, Swedish, will be also under the sea. So, a lot of countries of the

霊人1　人間は近い将来、今世紀のうちに完全に死に絶えてしまうので、それを止めないといけないんです。

磯野　CO_2 の排出を止めなければならないと。

霊人1　そう、そうです。

アメリカは「悪魔のチャンピオン」

磯野　では、化石燃料からつくられる電気は一切、使うべきではない、使ってはいけないとおっしゃるわけですか。あるいは、世界中の人々が太陽光発電や風力発電を使うべきだと提案されているのですか。そう主張されているのでしょうか。

霊人1　資源は問題じゃないんです。私たちは近い将来、海の下に沈んでしまうんです。私が大人になって、たぶん40歳か50歳になるころに。私たちスウェーデン人も海に沈んでしまいます。ですから、北半球の南のほうの多くの

south part of this hemisphere, Northern Hemisphere, will go down into the sea. And there occurred a lot of hurricanes, typhoons, or tsunami-like weather problems.

So, it's time to stop. You have much concern about earning money, or only the fairy tale of global development, or your–country–only–development like the devil Donald Trump says, "Only America First." America is the champion of the devils. He insists so. We must fight against that kind of evil people.

Isono Why do you hate wealth so much?

Spirit 1 No, no, I don't hate wealth. "Our lives, the lives of the earthlings, are heavier than money." I'm just saying so.

Fujii I think you are more than a 16-year-old girl. Why

国が海に沈んでしまうんです。ハリケーンや台風や津波みたいな異常気象がたくさん起きたでしょう。

　ですから、今が止めるべき時なんです。あなたたちはお金儲けや、地球的発展という夢物語や、悪魔のドナルド・トランプが言ってる「アメリカ・ファーストだけ」みたいな自国のみの発展にしか関心がないんでしょう。アメリカは悪魔のチャンピオンです。彼はそう主張しています。私たちはそういう「悪の勢力」と戦わなければいけないんです。

磯野　なぜそんなに富が嫌いなのですか。

霊人1　いえ、いえ。富が嫌いなわけじゃなくて、「私たちの命、地球人の命はお金より重い」と言っているだけです。

藤井　とても16歳の少女とは思えませんが、どうしてそ

do you have so much knowledge on global warming and so on?

Spirit 1 I studied.

Fujii Where did you learn that?

Spirit 1 "Where"?

Fujii Yes.

Spirit 1 At school, and in my room of my house. Yeah. I have keen attention about that. We are on the upper side of Europe, and around the North Pole area, already, the huge icebergs are becoming just water, and white bears are swimming in the water. Not on the icebergs, but just swimming like a dog. It's very much a problem.

So, it will occur, I mean the great flood. When

んなに地球温暖化等について知識があるのですか。

霊人1　勉強したからです。

藤井　どこで学んだのですか。

霊人1　「どこ」って？

藤井　はい。

霊人1　学校ですけど。あと、自宅の自分の部屋で。そう。その問題にすごく関心があるので。私たちはヨーロッパの上のほうで、北極の周辺では、すでに巨大な氷山が水になってしまっていて、シロクマが海の中で泳いでいます。氷山の上にいるんじゃなくて犬みたいに泳いでるんです。大問題なんです。

　だから、大洪水になると思います。ノアが……旧約聖

Noah… you know Noah, written in the Old Testament? It is Noah's time again, and there will occur Noah's-like global flood. At that time, the height of the water of the sea came to more than the middle of the Ararat mountains. So, at that time, the height of the sky — no, the height of the sea became more than 2,000 meters. So, I'm very afraid about that. I am the Noah of the modern times, I think so.

Yoshii In the age of Noah, was there any civilization to use CO_2?

Spirit 1 Yeah. Noah's… yeah, yeah, there already occurred CO_2 problem. People used a lot of fire. Now, you can see only desert in the Middle East, for example, around Lebanon, there used to be a great, huge forest. But now, it reduced to a small place, and there are a mountain of sands around there and around the African continent.

書に書かれているノアですよ。「ノアの時代」が再び来て、ノアの時のような世界的な洪水になるでしょう。あの時はアララト山の中腹を超えるくらいまで海面の高さが上昇して、空の高さ、いえ、海面の高さが2000メートル以上になりました。そうなるのを非常に恐れているんです。自分は現代のノアだと思っています。

吉井　ノアの時代には、CO_2 を使う文明はありましたか。

霊人1　はい。ノアの……はい、はい、CO_2 の問題はすでに起きていました。火をたくさん使っていたからです。今、中東の、たとえばレバノンあたりは砂漠ばかりですけど、昔はすごく広大な森林があったんですよ。でも今は小さな面積に縮小してしまって、その地域やアフリカ大陸のあたりは砂の山になっています。

Yoshii I think you insist the justification of science. In some speeches, you mentioned that you'd like to "unite behind the science." I'm wondering, there are various theories in science, so there is some doubt, right?

Spirit 1 Doubt? Yeah, doubt.

Yoshii Yeah, there is some doubt about climate change.

Spirit 1 Bad people doubt, yeah doubt.

Yoshii Oh, yeah. Currently, the climate change "is not necessarily caused by CO_2, other factors make climate change happen," so there are various theories.* Why do you push on one extreme theory, about only reducing CO_2 emission?

---

* It is said that there are different causes to global warming, for example, more methane, more or fewer sunspots, change in the ozone layer, and change in amount of cosmic rays hitting Earth.

吉井 あなたは科学の正当性を主張していらっしゃると思います。いくつかの演説で、「科学のもとに力を合わせていきたい」と話されていますが、科学にもさまざまな学説があり、疑わしい点もあるのではないかと思います。

霊人1 疑いですか。はい、疑いね。

吉井 はい、気候変動に関しては、一定の疑問があります。

霊人1 悪い人は疑うんです。そうなんです。

吉井 そうです。現在では、気候変動は「必ずしも CO_2 が原因ではなく、他の要因で気候変動が起きている」と、ですからさまざまな説があります（注）。なぜあなたは、CO_2 の排出削減だけをするという一つの極論を推しているのでしょうか。

(注) 温暖化の原因については、メタンガスの増加、太陽の黒点数の変化、オゾン層の変化、地球に降り注ぐ宇宙線量の変化など、さまざまな説が提唱されている。

Spirit 1 Hmm, because of my old memory, maybe. At that time, I warned about the rain. "There will come a lot of rain from heaven, from the sky, and there will be the ocean," I prophesied like that, but no one heard about that. Only I, my family, and my animals could save our lives. This is written in the Old Testament. So, I warn again. Yeah, it's time. It's time to perish you, earthlings, again.

I am Noah

Yoshii At that time, you were a supporter of Noah?

Spirit 1 I am (Noah)! I was!

Yoshii OK, uh huh.

Isono Are you Noah, himself?

霊人1　うーん、昔の記憶のせいかもしれません。当時の私は、雨のことを警告していたので。「天から、空から雨が激しく降って、海のようになってしまう」と預言していたのに、誰も聞いてくれなくて、私と家族と私の動物たちだけが命を救われました。旧約聖書にそう書いてあります。ですから、再び警告します。そう、その時が来ています。あなたがた地球人を再び滅ぼす時です。

自分がノアであると主張

吉井　当時、ノアを助けていた方ですか。

霊人1　私（がノア）ですよ！　私だったんです！

吉井　そうですか、なるほど。

磯野　あなたがノア本人なのですか。

Spirit 1 Yes, I was.

Isono You are? You are Noah?

Spirit 1 Noah. And I just heard the voice of God, "Noah, save people, save animals!" But no one heard me, and I made my ship and I lived longer than the other tribes' people. They didn't believe in God.

Fujii Where are you living now in the Spirit World?

Spirit 1 Huh? Spirit World?

Fujii What kind of Spirit World are you living in now?

Spirit 1 What kind of Spirit World?

Fujii You mean you are living in this world?

霊人1　はい、私でした。

磯野　あなたがですか。あなたがノアだと。

霊人1　ノアですし、神の声が聞こえたんです。「ノアよ、人々を救え。動物たちを救え！」と。でも誰も聞いてくれないので、船を造って、ほかの種族の人たちより長く生きられたんです。彼らは神を信じなかったので。

藤井　現在は、霊界のどこに住んでいらっしゃいますか。

霊人1　え？　霊界って？

藤井　現在、どんな霊界にお住まいですか。

霊人1　「どんな霊界」って？

藤井　この世にお住まいだということですか。

Spirit 1 What kind of Spirit World… what do you mean? What kind of Spirit World… what do you mean?

Isono Do you live by yourself or with somebody?

Fujii I think you are not Greta Thunberg, herself.

Spirit 1 Umm, I'm, I'm male. Yeah, yeah, yeah. I'm not female, I'm male, but…

Fujii Not a girl?

Spirit 1 I am also Greta. I don't know exactly, but we are very much combined.

Isono If you are the real Noah, then why did you choose Greta as a speaker for your voice? She's just a 16-year-old girl. She had no influence before she

霊人1　どんな霊界って……どういう意味ですか。どんな霊界……どういう意味ですか。

磯野　一人で住んでいますか。それとも誰かと一緒ですか。

藤井　あなたはグレタ・トゥーンベリ本人ではないですよね。

霊人1　うーん、私は、私は男性です。はい、はい、はい。女性ではなくて男性ですけど……。

藤井　少女ではなく？

霊人1　グレタでもあります。よくわかりませんけど、すごく強く結びついているんです。

磯野　本当にノアでいらっしゃるなら、なぜ、グレタを代弁者として選んだのですか。彼女は16歳の少女にすぎません。活動を始めるまでは何の影響力もありませんでした。

began her activity. Then, why she…

Spirit 1 She's such kind of… So, that's the reason she's the prophet.

Isono Are you sure?

Spirit 1 I'm sure.

Isono Are you the real Noah?

Spirit 1 I hope so.

Isono You hope so?

Fujii You said you have a long-term memory. How long?

Spirit 1 Huh?

なぜ彼女が……。

霊人１　彼女は、そういう……。だからこそ預言者なんですよ。

磯野　確かですか。

霊人１　確かです。

磯野　あなたは本物のノアですか。

霊人１　だといいなと思いますけど。

磯野　「いいなと思う」？

藤井　遠い昔の記憶があると言われましたが、どれくらいですか。

霊人１　はい？

Fujii How long of a memory do you have? A thousand years or more?

Spirit 1 It's about 4,000 years ago. Yeah.

Fujii Four thousand years ago, you were a man?

Spirit 1 A man.

Fujii You were a man.

Spirit 1 And my descendants, my children are the origin of the modern people.

藤井　どのくらい前の記憶をお持ちですか。千年あるいは、それ以上ですか。

霊人1　4千年くらい前です。はい。

藤井　4千年前は男性だったのですか。

霊人1　男性でした。

藤井　男性だったんですね。

霊人1　私の子孫、子供たちが現代人の祖先なんです。

3 "Human Beings Are the Enemy of the Earth; I Want to Stop the Civilization"

Happiness means to harmonize with nature

Yoshii You mentioned that in the age of Noah, the cause of big flooding was brought by using fire, you said. Using fire.

Spirit 1 Yeah, yeah. Like the Amazon area now, you know? Brazilian problem (of rain forest fires).

Yoshii And now, you are strongly insisting that reducing CO_2 emissions is necessary, so is using electricity related to faith in God?

Spirit 1 No, no. Using electricity is not required in a civilization. It leads to another big war. If you don't

3 「人類は地球の敵。文明を止めたい」と 主張する霊人

幸福とは自然と調和して生きること

吉井 「ノアの時代には、大洪水の原因は火を使ったことが引き金になった」と言われました。火の使用であると。

霊人1 そうです、そうです。今、アマゾン地帯で起きているみたいなやつですよね。ブラジルの（森林火災）問題です。

吉井 現在あなたは、CO_2 の排出削減が必要だと強く主張していますが、電気を使うことは神への信仰と関係がありますか。

霊人1 いえ、いえ。文明には電気の使用なんて必要ないんですよ。それは新たな大戦につながります。こんなに大

use such kind of huge electricity, you will never fight against each other in every country, but your fuel supplying can make it easy to cause greater wars. So, the problem is China, Russia, the United States of America, the EU, Saudi Arabia, Iran, or almost all of them. Don't use electricity from oil, or gas, or another fossil.

Yoshii So, you mean to stop using technology?

Spirit 1 Yeah.

Yoshii Then, what kind of happiness are you aiming to spread?

Spirit 1 Live happily with nature.

Yoshii With nature, I see.

量に電気を使わなければ、どの国も互いに争ったりしない
のに、燃料が供給されるから大きな戦争が起きやすくなる
んです。ですから問題は、中国、ロシア、アメリカ、EU、
サウジアラビア、イラン、ほぼすべての国です。石油やガ
スやその他の化石燃料に由来する電気は使わないでくださ
い。

吉井　つまり、「科学技術の利用は止めなさい」という意
味でしょうか。

霊人1　そうです。

吉井　では、あなたはどのような幸福を広げようとしてい
るのでしょうか。

霊人1　自然と共に幸せに生きることです。

吉井　自然と共に。なるほど。

Isono But the number of population in the world is increasing rapidly in this century. And people…

Spirit 1 That's a problem. More than 7 billion, 7.6 or 7.7 bill…

Isono So, do you believe that increasing the population is an evil thing?

Spirit 1 Evil! Yeah, evil.

Isono So, you hope that population should decrease or the civilization should collapse or decline?

Spirit 1 I think that the humankind is the most dreadful enemy to the Earth, and the lives of plants and animals, and the air or atmosphere of this Earth. So, human beings became the enemy of the Earth.

磯野　しかし、世界の人口は今世紀に入って急増しています。人々は……。

霊人1　それが問題なんです。70億人以上、76億か77億……。

磯野　では、人口の増加は悪であると思っていらっしゃるのでしょうか。

霊人1　悪！　そう、悪です。

磯野　人口が減るべきである、もしくは文明が崩壊あるいは衰退すべきであると望んでいらっしゃるのでしょうか。

霊人1　人類は、地球や、植物や動物の命とか、この地球の空気、大気にとって、いちばん恐ろしい敵なんだと思います。人類は「地球の敵」になってしまったんです。

Yoshii In this case, what is the reason for humans to be born on the earth?

Spirit 1 Hmm… hmm… I think we, younger people, should have hope for the future, but older people are using a lot of fuels and making CO_2 emissions and they are killing our future. That's a problem. We need our future, but we don't need old people, so the people who are more than 30 years old, these people are evil now.

Yoshii I think in pursuing your future, the current younger people are living just in harmony with nature.

Spirit 1 Uh, harmonize with nature.

Yoshii So, I think there are few options to live. Is it OK? Too narrow…

吉井　その場合、人間がこの世に生まれてくる理由は何なのでしょうか。

霊人1　うーん……うーん……。私たち若者は、未来への希望を持つべきだと思いますけど、年長者たちが燃料をたくさん使って CO_2 を排出して、私たちの未来を殺しかけているので、そこが問題なんです。私たちには未来が必要ですけど、年長者は必要じゃありません。30歳以上の人たちは、今となっては「悪」なんです。

吉井　あなたがおっしゃる未来を追求していくと、現在の若い世代の人たちは「自然と調和して生きている」だけになってしまいます。

霊人1　ああ、自然と調和。

吉井　ですから、生きるうえで選択肢が少ないと思います。それでいいのでしょうか。あまりにも狭い……。

Spirit 1 Live like Swedish people. We don't need the United States of America. We don't need Japan. We don't need China. We don't need Russia. We don't need Singapore or Hong Kong or other advanced countries.

Fujii In short, you don't like civilization.

Spirit 1 Yeah. Truly.

Fujii You want to stop civilization.

Spirit 1 Yeah, truly, truly.

Fujii That's the reason why you…

Spirit 1 It's just making the huge Tower of Babylon (Tower of Babel),* you know? People built a huge

---

*A tower mentioned in the Book of Genesis in the Old Testament. After Noah's Great Flood, humans tried to build a tower that would reach the heavens in order to prevent themselves from separating into different races. But Yahweh saw that and got angry; he brought confusion to the human language and prevented people from communicating with each other. So, they stopped building the tower and scattered across the world.

霊人1　スウェーデン人みたいに生きることですよ。私たちにはアメリカは必要ないし、日本も中国もロシアも要（い）りません。シンガポールも香港も、その他の先進国も要りません。

藤井　要するに、あなたは文明が好きではないと。

霊人1　はい、そのとおりです。

藤井　文明を止めたいわけですね。

霊人1　ええ、そのとおり、そのとおりです。

藤井　だから、あなたは……。

霊人1　巨大な「バビロンの塔（とう）」（バベルの塔）（注）を建てているだけなんです。ご存じですか。人間が巨大な塔を

(注)『旧約聖書』の「創世記」に出てくる塔。ノアの洪水の後、人間は民族の分裂を防ぐため、天まで届く塔を建てようとした。それを見たヤハウェは怒り、それまで一つであった人間の言語を混乱させ、互いに意思疎通できないようにさせた。そのため、人々は工事を中止し、各地に散ったという。

tower, and God got angry and destroyed the tower. People can no longer speak one language, so they act differently, and there occurred the discriminations between people. So, we must eliminate or we must choose some countries which can survive.

Isono This might be a difficult question for you, but what do you think is the purpose of life in this world?

Spirit 1 Purpose of life?

Isono Why are we, human beings, born onto this earth?

Spirit 1 Hmm. Live happily with animals and plants and nature. Yeah, this is the hope of God.

Yoshii What kind of role have you played as a spiritual being? You are a guardian of the earth or plant or forest?

建てたので、神はお怒りになってその塔を壊しました。人間は一つの言語を話すことができなくなって、別々に活動するようになったので、人間同士の間に差別が起きてきました。だから、どこの国が生き延びられるかを、排除するというか、選ばないといけないんです。

磯野 あなたには難しい質問かもしれませんが、この世の人生の目的とは何であると思われますか。

霊人1 人生の目的ですか。

磯野 なぜ、私たち人間は、この地上に生まれてくるのでしょうか。

霊人1 うーん。動物や植物や自然と、幸福に生きること。そう、それが神の願いです。

吉井 あなたは霊的存在として、どんな役割を担ってきたのでしょうか。大地や植物や森の守護者ですか。人間の守

I mean, you are not a guardian of human beings.

Spirit 1 In Sweden, there are a lot of fairies or natural spirits, but they are at the cliff of perishing. People of modern society are killing these kinds of natural spirits or fairies. So, I have much concern about that. Your God, the God who is leading modern society, modern civilization, in another name, might be Baal[*]; the name which is Baal, earning money only. It's bad faith, I think.

Isono So, who is your God? Who do you believe in? What do you believe in?

Spirit 1 Uh… I cannot explain correctly, but I said Baal, you know? Baal is the criminal of destroying the Lebanon forest, and he made Mediterranean areas trade and earned a lot of money. So, you are the supporters

[*]A false god in the ancient Middle East. It is an evil god of commerce, a god of economic supremacy, and also called the god of Mammon. It is also called Beelzebub or Belial.

護者というわけではなくて。

霊人1 スウェーデンには妖精や自然の精霊がたくさんいるけれど、絶滅の危機に瀕<ruby>瀕<rt>ひん</rt></ruby>しているんです。現代社会の人たちが、そういう自然霊や妖精たちを殺しているので、私はそれがすごく心配なんです。あなたがたの神、現代社会を、現代文明を指導している神は、別名、「バアル」（注）なんじゃないですか。お金儲けだけのバアルという名の神です。それは悪しき信仰だと思います。

磯野 では、あなたの神は誰ですか。誰を信仰しているのですか。何を信じていますか。

霊人1 んー……きちんと説明はできません。でも、バアルと言ったでしょう？　バアルはレバノンの森を破壊した犯人で、地中海貿易をやって盛んにお金儲けをしたんです。あなたたちが信じているのは、そういう「邪神」なんですよ。

(注)古代の中東などで崇拝されていた邪神。商業の神ではあるが、悪しき商業の神、経済至上主義、拝金主義の神である。悪魔ベルゼベフ（ベリアル）と同一の存在。

of that kind of evil god.

Science has one conclusion; there is no freedom of academy

Yoshii I think, in technology, through making a progress, humans can feel happiness. So, I think there is a way to make nature and technology compatible.

Spirit 1 No, no, no, no, no.

Yoshii No?

Spirit 1 Science, science. Believe in science. Learn science. These 30 years' scientific development.

Yoshii Yeah, I respect your opinion.

Spirit 1 The conclusion is one.

科学の結論は一つ。学問の自由などない

吉井　科学技術の分野では進歩を通じて、人間は幸福を感じることができると思います。ですから、自然と科学技術を両立させる道はあると思います。

霊人１　いえ、いえ、いえ、いえ、いえ。

吉井　ないですか。

霊人１　科学、科学です。科学を信じてください。科学を学んでください。この30年の科学の進歩です。

吉井　はい、あなたのご意見は尊重します。

霊人１　結論は一つなんです。

Yoshii But I think even in science, there is the freedom of academy, so there are various theories.

Spirit 1 No, no, no. Freedom of academy, no, no, no. One conclusion.

Fujii Like President Trump, many people don't believe the global warming theory.

Spirit 1 Yeah, Donald Trump is the top devil, top level of devils.

Fujii Global warming is just a hypothesis.

Spirit 1 Hypothesis?

Fujii Yes.

Spirit 1 No, no, no. It's a conclusion of modern science.

吉井　ただ、科学であっても「学問の自由」があると思いますし、ですからいろいろな学説があります。

霊人1　ノー、ノー、ノー。学問の自由なんてありません。ノー、ノー、ノー。結論は一つです。

藤井　トランプ大統領のように、地球温暖化説を信じない人も大勢いますが。

霊人1　ああ、ドナルド・トランプは最大の悪魔です。最大級の悪魔です。

藤井　地球温暖化は、仮説にすぎません。

霊人1　仮説？

藤井　はい。

霊人1　ノー、ノー、ノー。それが現代科学の結論です。

Yoshii What makes you strongly believe in that conclusion?

Spirit 1 Hmm… because I got the mission from God.

Fujii Mission for what?

Spirit 1 God.

Fujii To destroy the world and civilization?

Spirit 1 Yeah. God says, they, "they" means you, civilized countries, are hypocrites! It's you. If you don't obey God's order, you will be destroyed, and the global flooding will kill you all!

Yoshii In your conclusion, I think human beings are in the direction of disappearing from the Earth. Is it your conclusion?

吉井　何が、あなたにその結論を固く信じさせているので
しょうか。

霊人1　うーん……。神様から授かった使命だからです。

藤井　何のための使命ですか。

霊人1　神です。

藤井　世界と文明を破壊するという？

霊人1　そうです。神が言われるには、「彼らは」、という
のは、あなたたち文明諸国のことですよ、「偽善者である！」
と。それが、あなたたちです。神の命令に従わなければ、
あなたたちは滅ぼされて、地球規模の洪水で全滅です！

吉井　あなたの結論によると、人間は地球上から消える方
向になると思います。それがあなたの結論ですか。

Spirit 1 Yeah, if you don't follow God, or God's order, you will be ruined. Yeah.

Saying "no" to nuclear power generation and the Industrial Revolution

Isono By the way, what do you think about nuclear power generation?

Spirit 1 Nuclear power? No.

Isono It doesn't emit any carbon dioxide.

Spirit 1 I don't like. I don't like it because, nuclear power will make electricity of course, but it will be a new weapon for killing a lot of people, and will make a lot of fire in the world. So, it also must be destroyed, or must disappear from this world. You live with vegetables and small animals. That is heaven.

霊人1　ええ、神に、神の命令に従わなければ滅びるんです。はい。

原子力発電も産業革命も否定する

磯野　ちなみに、原子力発電についてはどう思われますか。

霊人1　原子力？　ノーです。

磯野　二酸化炭素をまったく排出しませんが。

霊人1　好きじゃないです。嫌です。原子力は確かに電気はつくれるけど、大量殺人の新兵器になるので、世界中に多くの戦火をもたらします。ですから、やっぱり破壊すべきであるというか、世界から廃絶すべきです。植物や小動物たちと一緒に生きていく。それが天国なんです。

Fujii So, you mean, we human beings should live like animals? Is that your conclusion?

Spirit 1 No, no, no. Not. Gentle animals.

Fujii Gentle animals.

Spirit 1 Uh huh. Not the attacking animals which kill other animals.

Fujii Without electricity?

Spirit 1 Without electricity? Hmm…

Fujii You mean that?

Spirit 1 Yeah. Just eat vegetables or fruits, or like that.

藤井　では、われわれ人類は、動物のように生きるべきだということですか。それがあなたの結論ですか。

霊人１　ノー、ノー、ノー。そうじゃなくて、「優しい動物」ですよ。

藤井　優しい動物ですか。

霊人１　はい。他の動物を殺す攻撃的な動物じゃなくて。

藤井　電気なしで？

霊人１　電気なし？　うーん……。

藤井　そういう意味ですか。

霊人１　はい。野菜とか果物だけを食べて。

Isono If you could realize your plan, there would be a massacre, a great massacre.

Spirit 1 Great massacre? Massacre?

Isono I mean, a great number of people would die because of your plan.

Spirit 1 Because they are criminals.

Isono So, do you agree that criminals should die?

Spirit 1 Yeah, yeah. It's God's will. In the age of Noah, almost everybody died.

Isono Do you think it is really God's hope or God's desire?

磯野 あなたの計画が実現できたとしたら、虐殺が、大虐殺が起きると思います。

霊人1 大虐殺？　虐殺ですか？

磯野 あなたの計画のせいで、多くの人が亡くなるという意味です。

霊人1 だって、そういう人たちは犯罪者なので。

磯野 では、犯罪者は死ぬべきだという意見に賛成なのでしょうか。

霊人1 はい、そうです。それが神の心です。ノアの時代は、ほとんどの人が死に絶えたんですから。

磯野 それが本当に神の希望であり、神の願いだと思いますか。

Spirit 1 Yeah.

Isono To kill people?

Spirit 1 God seeks for one truth, so it must be the conclusion. One conclusion. Please follow me. I am the prophet, and my disciples, only, can survive this age and live the 22nd century. You all are "good–bye" people.

Yoshii I'm wondering if you have more than 4,000 years of history.

Spirit 1 Yeah.

Yoshii Yeah? So, what kind of movements have you taught or have you led? Now, you are teaching Greta Thunberg.

霊人1 はい。

磯野 人を殺すことがですか。

霊人1 神は一つの真実を求めているので、それが結論であるべきです。唯一の結論です。私に従ってください。私は預言者で、私の弟子だけが現代と 22 世紀を生き延びることができて、あなたたちは全員、「さよなら」する人たちです。

吉井 あなたには 4 千年以上の歴史があるのだろうかと思うのですが。

霊人1 ありますよ。

吉井 あるんですよね。どのような運動を指導したり率いてこられたのですか。現在はグレタ・トゥーンベリを指導されていますが。

Spirit 1 Uh huh.

Yoshii But I think after the Industrial Revolution from the U.K., various technologies have been occurring. But you hate that. So, I think you taught the movement...

Spirit 1 I want to deny the Industrial Revolution. That's bad. That's evil. That's a deed of Satan.

Fujii When was the best age for humanity? Stone age or so?

Spirit 1 Hmm... The countries just limited to Sweden-like landscape and population and food, that's heaven. Yeah, God's heaven.

霊人1　うーん。

吉井　ただ、イギリスの産業革命以降、さまざまな科学技術が生まれていると思います。でも、あなたはそれらを憎んでいます。あなたが指導された運動は……。

霊人1　産業革命は否定したいです。あれは悪いものです。悪であり、サタンの仕業（しわざ）です。

藤井　人類にとって最も良い時代はいつでしたか。石器時代などでしょうか。

霊人1　うーん……。スウェーデンみたいな風景や人口や食べ物に限定した国、それが天国です。はい、神の天国です。

4 Which God Does the Spirit Believe In?

I can't see the figure of God, only the voice comes down

Isono Do you have any friends or any supporters?

Spirit 1 Yeah, a lot of supporters. More than four million supporters.

Yoshii So, you are a kind of guru of environmentalists.

Spirit 1 Yes. Yeah, yeah. Eco-religion guru, yeah.

Yoshii So, your purpose is to disturb the progress of technology.

4　信じる「神」は誰なのか

神の姿は見えず声だけが降りてくる

磯野　あなたには、友人や支援者はいますか。

霊人1　ああ、支援者なら大勢いますよ。支援者は 400 万人以上います。

吉井　では、あなたは環境保護主義者のグル（精神的指導者）のような方ですか。

霊人1　そうです。そう、そう。「エコ教」のグルです。はい。

吉井　では、あなたの目的は科学技術の進歩を阻止することですか。

Spirit 1 Disturb the progress of… Do you like machines or a lot of fuel or that kind of technology which can kill a lot of people, and like people to change their behavior into a lion's, or lion-like activity, and don't seek for peace? Is that right?

Yoshii So, your God is related to the being who destroys the Tower of Babel or other civilizations' legacies?

Spirit 1 Yeah. God says that 100 million population is the limit.

Fujii Are you receiving message directly from God?

Spirit 1 Yeah, God. From God. My God.

Fujii What's the name of God?

霊人1　進歩を阻止って……。機械とか多くの燃料とか、大量殺人ができるような科学技術とかを、いいと思いますか。人間の行動や活動がライオンみたいになっていって平和を求めなくなるのが、いいと思いますか。それが正しいことなんですか。

吉井　では、あなたの神は、バベルの塔や、その他の文明の遺産を破壊する存在と関係があるのでしょうか。

霊人1　はい。神は「1億人が人口の限界だ」とおっしゃっています。

藤井　神から直接メッセージを受けているのですか。

霊人1　はい、神です。神からです。私の神から。

藤井　その神の名前は何ですか。

Spirit 1 My God?

Fujii Yes.

Spirit 1 The name of my God? I don't know the real name of God, might be… He might be Yahweh. I think so. Yahweh.

Fujii What does he look like?

Spirit 1 What he looks like? Old man. Yeah. Old, old man with a stick.

Fujii Bright or not bright?

Spirit 1 What do you mean?

Fujii Like lightening. How do you feel about him?

霊人１　私の神ですか。

藤井　はい。

霊人１　私の神の名前？　神の本当の名前はわかりません、たぶん……。たぶん、ヤハウェです。ヤハウェだと思います。

藤井　どんな姿ですか。

霊人１　どんな姿って、老人ですよ。そう。杖（つえ）を持った老人の男性です。

藤井　明るいですか、明るくはないですか。

霊人１　どういう意味ですか。

藤井　輝いていますか。どんな感じの方ですか。

Spirit 1 He is quite above the sky, so I can't see well. Only the voice, the voice of God comes down to me.

Isono So, you can't see God? You can't see the image of God, you can only hear the voice of God?

Spirit 1 Yeah, spiritually, I can imagine and can realize the appearance of God in front of me, or I can imagine his figure, but no one can see God. It's my limit.

"Space people? I don't know"

Isono OK. Do you believe or do you accept space people?

Spirit 1 Space people? Space people. Space people. I don't know.

霊人1　はるか空の上にいて、よく見えないけど、声だけが、神の声だけが私に降りてくるんです。

磯野　では、あなたには神は見えないんですね。神の姿を見ることはできず、神の声を聴くことができるだけであると。

霊人1　ええ、霊的に想像することはできるし、目の前に神の外見を表して、姿を想像はできますけど、神を見ることができる人はいません。私には、そこまでしかできません。

宇宙人の存在には理解が及ばない

磯野　わかりました。あなたは宇宙人を信じますか、あるいは受け入れますか。

霊人1　宇宙人ですか。宇宙人。宇宙人。わかりません。

Isono You don't know?

Spirit 1 I don't know.

Isono You said, "Believe in science."

Spirit 1 Yeah.

Isono So, according to the teachings of Happy Science, there are so many space people...

Spirit 1 Really?

Isono ...outside the Earth, and they have advanced technology or civilization. They have advanced knowledge of science.

Spirit 1 But they have no emission of, they will not emit any CO_2, I guess so. If they are alive, they don't

磯野　わかりませんか。

霊人１　わかりません。

磯野　「科学を信じなさい」と言われました。

霊人１　はい。

磯野　幸福の科学の教えによれば、非常に数多くの宇宙人が……。

霊人１　本当ですか。

磯野　……地球以外の場所にいて、彼らの科学技術や文明は進んでいます。科学の知識も進んでいます。

霊人１　でも、彼らはCO_2は排出しないんじゃないでしょうか。本当にいるとしても、CO_2は使わないと思います。

use CO_2, I think so. Their working force is quite different from ours, if aliens are real, but I cannot imagine.

Isono They are real. They have advanced technology, and some good or friendly space people will teach the earthlings how to balance their progress with maintaining the environment. Why don't you study or why don't you learn those knowledge or technology?

Spirit 1 Haha, I'm just a 16-year-old or so. I've never learned about aliens. Just I can see through movies, yeah. We can image aliens, but I've never studied. Modern science never says anything about aliens. So, it's possible, but we have no evidence.

彼らの動力は私たちのとは全然違うでしょう、宇宙人が現実にいるとしても。でも、私には想像がつきません。

磯野　彼らは実在します。進んだ科学技術を持っていて、善良で友好的な宇宙人の中には、地球人に、「発展」と「環境維持」のバランスの取り方を教えてくれる者もいるでしょう。そういう知識や科学技術を学ばれてはいかがですか。

霊人1　ハハ、私はまだ16歳かそこらなので、宇宙人について学んだことはありません。映画で見るだけですね。宇宙人を想像はできるけど、勉強したことはないです。現代科学は宇宙人について何も言ってませんし。あり得るとは思うけど、証拠がないので。

My God is older than Israel's god, it's an ancient god of Scandinavia

Yoshii You said you believe in Yahweh.

Spirit 1 Maybe.

Yoshii "Maybe," OK.

Spirit 1 Maybe Yahweh or Jehovah–like existence.

Yoshii One aspect of Yahweh is to be envious.

Spirit 1 Envious!?

Yoshii Envious of human beings' progress. Do you feel envious of people prospering?

Spirit 1 Most powerful figure of my God is destroying

イスラエルの神より古代の北欧の神を信じている

吉井　ヤハウェを信じているとおっしゃいました。

霊人1　たぶん。

吉井　「たぶん」ですね、はい。

霊人1　たぶんヤハウェか、エホバのような存在です。

吉井　ヤハウェには、「妬む」という一面があります。

霊人1　妬む!?

吉井　人間の発展をです。あなたは人々が繁栄することを妬ましく思いますか。

霊人1　私の神の、いちばん強い面は、「悪い人間を滅ぼす」

bad people; perishing bad people and saving good people only.

Isono How can you tell good from bad? Who are the good people?

Spirit 1 People who obey God are good and people who deny God are bad.

Isono Are you saying that those who believe in Yahweh are good people, and those who don't believe in Yahweh are bad people?

Spirit 1 Yeah.

Isono Correct?

Spirit 1 Correct.

ことです。悪人を全滅させて善人だけを救うんです。

磯野　善と悪をどうやって分けられるのですか。善人とは
誰のことですか。

霊人１　神に従うのが善人で、神を否定するのが悪人です。

磯野　つまり、ヤハウェを信じる人が善人で、ヤハウェを
信じない人が悪人であるということですか。

霊人１　そうです。

磯野　そういうことですか。

霊人１　そういうことです。

Yoshii And those people are living in harmony with nature?

Spirit 1 But my God is maybe older, I mean an ancient existence. It's not Israel's god. It's older than that, ancient. Ancient god, maybe more ancient god. It's around the sky of the Scandinavian area. It's ancient.

Yoshii Another question. I think you stick too much to using the word "science."

Spirit 1 Science.

Yoshii I think in science, there are various theories, but in your case, there is one conclusion. Why do you use the word "science"?

Spirit 1 I can't accept Happy Science. I don't know such kind of "science." I just learn science through

吉井　そして、彼らは自然と調和して生きているわけですか。

霊人１　ただ、私の神は、もっと古い、古代の存在かもしれません。イスラエルの神ではなくて、もっと古い時代の神です。もっと古代の神かもしれません。スカンジナビア地方の上空あたりにいた神です。古代です。

吉井　別の質問ですが、あなたは「科学」という言葉を使うことにこだわりすぎではないかと思います。

霊人１　科学ですか。

吉井　科学にはさまざまな学説があると思いますが、あなたの場合、結論は一つです。なぜ、「科学」という言葉を使うのですか。

霊人１　私には「幸福の科学」を受け入れることはできません。そんな〝科学〟は知りません。科学者の教えを通し

scientists' teachings only. And these 30 years, the conclusion is the same. Have you watched the film of Vice President Gore of the United States[*]? He already was a prophet of the modern society, but he lost in the presidential election, and the world is declining now.

[*] The spirit is talking about the movie, *An Inconvenient Truth* (Paramount Classics, 2006).

て科学を学ぶだけです。この 30 年間、結論は同じなので。アメリカのゴア副大統領の映画（注）は観ましたか。彼がすでに現代の預言者だったのに、大統領選で負けたので、世界は今、衰退しているんです。

（注）映画「不都合な真実」(2006 年米公開) のこと。

5 Asking about Japan and China

Xi Jinping is "a devil"

Fujii At first, you told us that you don't like Prime Minister Abe.

Spirit 1 Prime Minister Abe is a devil. Devil. Maybe devil.

Fujii Yes, yes. OK. How about Xi Jinping of China?

Spirit 1 Xi Jinping is also a devil.

Fujii Devil. Why?

Spirit 1 Yeah. Devil, devil, devil. Devil versus devil.

Fujii You don't like political leaders?

5　日本や中国などに対する認識

習近平は「悪魔である」

藤井　あなたは初めに、安倍首相が好きではないと言われました。

霊人1　安倍首相は悪魔ですから。悪魔ですよ。たぶん悪魔です。

藤井　はい、わかりました。中国の習近平はどうですか。

霊人1　習近平も悪魔です。

藤井　悪魔。なぜですか。

霊人1　そう、悪魔、悪魔、悪魔。「悪魔 対 悪魔」です。

藤井　あなたは政治的指導者たちが嫌いなのですか。

Spirit 1 Political leaders… hmm.

Fujii You don't like them?

Spirit 1 If he or she is an eco-oriented person, I can accept him or her.

Fujii What kind of politician do you like?

Spirit 1 Hmm.

Fujii Obama?

Spirit 1 Angela Merkel-like person can understand me.

Yoshii What do you think of President Obama? He promoted Green New Deal.*

---

*A policy that aims to create economic growth by investing into anti-global warming and other public purposes. It comes from Franklin Roosevelt's "New Deal" and the word "green."

霊人1　政治的指導者……うーん。

藤井　彼らが嫌いなのですか。

霊人1　エコ志向の人なら受け入れられますけど。

藤井　どんな政治家が好きですか。

霊人1　うーん。

藤井　オバマですか。

霊人1　アンゲラ・メルケルみたいな人には理解してもらえますね。

吉井　オバマ大統領は、どう思われますか。彼はグリーン・ニューディール政策（注）を推進しましたが。

（注）地球温暖化対策などに公共投資することで、経済成長を生み出そうとする政策。フランクリン・ルーズベルト大統領が提唱した「ニューディール政策」と「グリーン」を合わせた言葉。

Spirit 1 He is also a hypocrite. I mean, just speaking good things and doing bad things. He has two aspects.

Yoshii So, Merkel was doing what she said, you mean?

Spirit 1 She will understand what I say.

He is not sure if he is the real Noah or not

Isono Do you remember having an interview with us before? [*A question to check whether Spirit 1 is Noah*]

Spirit 1 What?

Isono If you are the real Noah, this is the second time.*

---

* Happy Science recorded a spiritual message from Noah, a prophet in the Old Testament, on July 10, 2014. See Ryuho Okawa, *Noah no Hakobune Densetsu wa Hontou ka* (lit. "Is the Legend of Noah's Ark True?") (Tokyo: Happy Science, 2014).

霊人１　彼も偽善者です。口で良いことを言ってただけで、やってたのは悪いことなので。二面性がある人です。

吉井　では、メルケルは言ったとおりのことをやっていたということでしょうか。

霊人１　彼女なら、私の言っていることがわかるはずです。

本当にノアであるかと問われて言を左右

磯野　以前に私たちのインタビューを受けたのを覚えていますか。（霊人１がノアであることを確認する主旨の質問）

霊人１　えっ？

磯野　あなたが本当のノアなら、これが二回目です（注）。

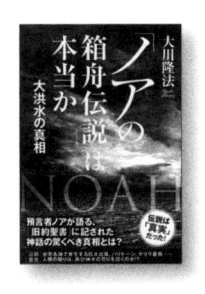

（注）2014年7月10日、旧約の預言者ノアを招霊し、霊言を収録した。『「ノアの箱舟伝説」は本当か』（大川隆法著・幸福の科学出版刊）参照。

Spirit 1 Really?

Isono Are you?

Spirit 1 It's a different Noah.

Isono Different Noah? No!

Spirit 1 Yeah. Noah is a popular name, so there are a lot of Noahs.

Isono How can you prove you are the real Noah?

Spirit 1 I don't know, but I'm just the most fearful person about the global flooding, and I, myself, want to use a boat or a ship. It means I am the Noah of modern times.

霊人1　本当ですか。

磯野　そうなのですか。

霊人1　それは〝違うノア〟です。

磯野　「違うノア」？　そんな！

霊人1　ええ。ノアというのはよくある名前なんですよ。「ノア」はたくさんいるので。

磯野　あなたが本物のノアであることを、どうやって証明できますか。

霊人1　わかりませんけど、とにかく私は、地球規模の洪水を誰よりも恐れていて、自分でボートや船に乗りたいので、私が「現代のノア」だということです。

Isono Or perhaps, you are a different Noah, aren't you?

Spirit 1 Oh, really? Hmm.

Isono Because the first time, Master Okawa summoned the spirit of Noah, and then he spoke. But this time, Master called some being who has the most influence on Greta Thunberg, and then you appeared.

Spirit 1 Uh huh. Yeah. But in the near future, I will be a Nobel Peace Prize laureate,[*] so I will have more influence all over the world than your Master Okawa. So, I'm very short distanced from God. I am.

"Japanese are bad people"

Fujii You mean, you are fighting against Master Ryuho

---

[*] Greta Thunberg was allegedly a Nobel Peace Prize nominee for 2019, but she did not win it.

磯野　あるいは、もしかしたら、あなたが〝違うノア〟ではありませんか。

霊人１　ああ、そうですか。うーん。

磯野　というのは、一回目は大川総裁がノアを招霊して、ノアが話したのですが、今回は、総裁が「グレタ・トゥーンベリに最も影響を与えている存在」を呼び出したら、あなたが出てこられたからです。

霊人１　うーん、はい。でも、私はもうすぐノーベル平和賞を受賞するので（注）、あなたがたの大川総裁より私のほうが世界的な影響力が大きいんです。だから、私は神のすぐ近くにいるんですよ。そうなんです。

日本人は「悪い民族」

藤井　あなたは、大川隆法総裁と戦っているということで

（注）2019 年のノーベル平和賞受賞を予想されたが受賞はしなかった。

Okawa?

Spirit 1 No, more than that. I'm just saying he is a bad, old guy also.

Fujii Why do you think he is a bad guy?

Spirit 1 Because he is a Japanese. Japanese are bad people.

Yoshii Why don't you like Japanese?

Spirit 1 Japan did nothing for the world.

Isono No, no, no.

Spirit 1 Only bad things, evil things for the world. Killing people and made occur the Second World War.

しょうか。

霊人1　いいえ、それ以上です。彼も悪い年長者だと言ってるだけです。

藤井　なぜ、総裁が悪い人だと思うのですか。

霊人1　だって日本人でしょう。日本人は悪い民族ですから。

吉井　なぜ、日本人が好きではないのですか。

霊人1　日本は、世界のために何もしなかったからです。

磯野　いえ、そんなことはありません。

霊人1　悪いことしかしてません。世界にとって悪いことしか。人殺しをして第二次世界大戦を起こしたし。

Isono But you, Swedish people, also fought a war against the Nazis or Russia. You fought and killed many people.

Spirit 1 Yeah. Just defense. Yeah, defense. Just defense.

Isono No, no, no. Japan also fought for defense.

Spirit 1 Really?

Isono We fought…

Spirit 1 Yeah, also, you were already aggressive. You were intrusion only. Expansion only. You are the predecessors of Xi Jinping.

Yoshii Do you have a vivid memory of World War II? Or…

磯野　でも、あなたがたスウェーデン人も、戦争をしてナチスやロシアと戦いましたよ。戦って、大勢殺しました。

霊人１　ええ、あくまで国防です。はい、防衛です。あくまで防衛です。

磯野　いえいえ。日本も防衛のために戦いました。

霊人１　本当ですか。

磯野　日本が戦ったのは……。

霊人１　ああ、あなたたちだって、もとから攻撃的だったでしょう。侵略一方、拡張一方で、習近平の先を行ってたじゃないですか。

吉井　第二次世界大戦に関して、鮮明な記憶がありますか。あるいは……。

Spirit 1 Vivid memory! World War II? Oh, oh, oh, I'm more than 4,000 years old, so hmm…

Yoshii I think you seem to hate even eco-oriented Japanese. You hate such Japanese.

Spirit 1 Is there any eco-oriented Japanese?

Yoshii Yeah, I think there are various eco-oriented Japanese.

Spirit 1 Oh, really?

Yoshii Do you like them?

Spirit 1 Are they real Japanese?

Isono Yes.

霊人1　鮮明な記憶！　第二次世界大戦の？　ああ、ああ、ああ、私は４千歳を超えているので、うーん……。

吉井　エコ志向の日本人まで嫌っていらっしゃるようですが。そういう日本人も嫌いなんですね。

霊人1　エコ志向の日本人なんて、いるんですか。

吉井　はい、エコ志向の日本人はたくさんいると思いますよ。

霊人1　え、本当に？

吉井　彼らのことは好きですか。

霊人1　その人たち、本当に日本人ですか。

磯野　はい。

Spirit 1 Oh, really?

Isono For example, Ms. Yuriko Koike.

Spirit 1 Yuriko Koike?

Isono Governor of Tokyo. She is very much an environmentalist.

Spirit 1 If she were eco-oriented, she would destroy Tokyo. She would never hold the Tokyo Olympics.

Isono Umm, but she is seeking for the way to balance progress with protecting the environment.

Spirit 1 It's just advertisement, I think.

Isono But Japanese companies are now searching or studying a new way to eco-oriented technology.

霊人１　えっ、本当ですか。

磯野　たとえば、小池百合子さんです。

霊人１　小池百合子？

磯野　東京都知事です。彼女は非常に、環境保護主義者です。

霊人１　エコ志向なら、東京を破壊するはずですけど。東京オリンピックなんて絶対に開催しないでしょう。

磯野　うーん、でも彼女は、発展と環境保護のバランスの取り方を模索しています。

霊人１　宣伝で言ってるだけでしょう。

磯野　しかし、日本企業は今、新たなエコ志向の技術の道を調査・研究しています。ですから、日本は最も環境に優

So, Japan is one of the most eco-friendly, advanced countries.

Spirit 1 No, I can't believe what you say.

Isono So, you should respect Japan.

Spirit 1 I cannot, I cannot. You are bad people, and I cannot believe that. You never think about Sweden or Norway or such kind of Scandinavian people.

Isono But you also don't think about the happiness of other nations' people.

Spirit 1 No… yeah, yeah, about the bad deeds of advanced countries, I think a lot, yeah.

しい先進国の一つです。

霊人1　いえ、そんな話は信じられません。

磯野　ですから、日本を尊敬していただかないといけません。

霊人1　駄目です。できません。あなたたちなんか悪い人たちだし、そんなの信じられません。スウェーデンとかノルウェーとかの、スカンジナビアの人たちのことなんか全然、考えてないでしょう。

磯野　でも、あなたも他の国の人々の幸福のことは考えていないでしょう。

霊人1　いいえ……はい、はい、先進国がやってる悪事のことは、よく考えてますよ。はい。

His recognition of Odin

Yoshii Where does your feeling of hatred toward Japanese come from?

Spirit 1 Hmm? My hatred?

Yoshii Yeah, why?

Spirit 1 Hmm… Why, why, why, why, why… why, why. We are always confronted with Russia. Hmm… Japan, hmm… Russia was a bad country, has been a bad country for more than 2,000 years, yeah. In the ancient age, there was utopia in the north part of Europe, but it was destroyed by gigantic people from Russia, I've heard so.

Yoshii Do you have a memory of having lived in north Europe at that time?

オーディンについての認識は

吉井　日本人に対するあなたの嫌悪感はどこから来ているのでしょうか。

霊人１　はい？　私の嫌悪ですか。

吉井　はい、なぜでしょうか。

霊人１　うーん……。なぜ、なぜ、なぜ、なぜ、なぜ……なぜ、なぜ。私たちはいつもロシアと対立していて。うーん……日本、うーん……。ロシアは悪い国で、２千年以上、悪い国です、そう。古代にはヨーロッパの北のほうにユートピアがあったのに、ロシアの巨人族みたいな人たちによって滅ぼされたと聞いています。

吉井　当時、北欧に住んでいた記憶があると。

Spirit 1 North Europe, yeah. That kind of gigantic people came, climbed over the mountains of Ural, and intruded Europe. They attacked the north part of Europe, the Scandinavian area and Great Britain area, and almost Germany, around that.

Isono Have you ever heard of a god named •Odin?

Spirit 1 Ah… Odin. Hmm, Odin. Odin, Odin. Hmm, Odin was once a king of the iceberg island or so, I've heard. But it was before the worldwide flooding. I think so.

Isono Do you like Odin?

• Odin is the chief god of Norse mythology. Based on spiritual research by Happy Science, he was a real king of Asgard who lived about 8,000 to 9,000 years ago. He established a civilization that was mainly in Northern Europe. Odin is one of the branch spirits of El Cantare, God of the Earth. See Ryuho Okawa, *Mighty Thor to Odin no Hokuo Shinwa wo Reisa suru* (lit. "Spiritually Investigating the Norse Mythology of Mighty Thor and Odin") (Tokyo: Happy Science, 2017).

霊人1　北欧に、はい。そういう巨人族が来て、ウラル山脈を越えてヨーロッパに侵入して、ヨーロッパの北部、スカンジナビア地域やグレート・ブリテンのあたり、ドイツの近くまで攻め込んできてました。

磯野　・オーディンという名前の神は聞いたことがありますか。

霊人1　ああ……オーディン。うーん、オーディン。オーディン、オーディン。うーん、オーディンは、かつて氷山の島の王だったとか、聞いたことがあります。ただ、それは世界洪水の前だったと思います。

磯野　オーディンは好きですか。

●オーディン　北欧神話における最高神。幸福の科学の霊査によると、8000 〜 9000 年ほど前に実在したアズガルドの王で、北欧を中心とした文明を興したとされる。地球神エル・カンターレの分身の一人。『マイティ・ソーとオーディンの北欧神話を霊査する』（大川隆法著・幸福の科学出版刊）参照。

Spirit 1 I don't know Odin, but hmm… Odin, if there were Odin, he might be the origin of the Vikings.

Yoshii Even Vikings…

Spirit 1 Vikings.

Yoshii It means Odin created some civilization. That's why you think so?

Spirit 1 No, no. Ship to steal something from other countries or people. Vikings' king, king of the Vikings.

Technology will destroy the Earth

Yoshii Your ideal situation is where you live peacefully with nature.

霊人1　オーディンは知らないんですけど、うーん……。オーディン、オーディンがいたとしたら、たぶんバイキングの起源ですね。

吉井　バイキングであっても……。

霊人1　バイキングです。

吉井　オーディンは何らかの文明を創ったということです。だから、そう思うのですか。

霊人1　いえ、いえ。他国や他の民族から盗むための船ですよ。バイキング王です。バイキングの王です。

「科学技術は地球を破壊する」と主張

吉井　あなたにとっての理想的状態とは、自然と共に平和に生活するということですか。

Spirit 1 Yeah, in the log cabin. In a log cabin, yeah.

Yoshii In a quiet area.

Spirit 1 Yeah.

Yoshii With very few people.

Spirit 1 And don't use any money. And a nature-friendly culture.

Yoshii Yeah, I would like to respect your opinion, your thinking. So, is there any way… There are various people and various concepts, so I think there is a way for us to live together.

Spirit 1 No, no. You know, they are pest-like people. They have pests within them.

霊人1　ええ、ログハウス。ログハウスの中で、そうです。

吉井　静かなところで。

霊人1　はい。

吉井　人はとても少なくて。

霊人1　お金も一切使わないで。自然環境にやさしい文化です。

吉井　はい、あなたのご意見、お考えは尊重させていただきたいのですが、何か他に方法が……。さまざまな人がいて、いろいろな考え方がありますので、私たちが共に生きていく方法があるのだと思いますが。

霊人1　いえいえ。彼らは害虫みたいな人たちなんですよ。害虫を抱え込んでいる人たちです。

Yoshii So, you mean, making use of technology makes people…

Spirit 1 It's just a direction toward destroying this Earth.

Isono Are you the only existence who has influence on Greta Thunberg? Or, is there any other existence?

Spirit 1 Any other existence on Greta Thunberg… Hmm. Additional one, there is.

Isono Who is it?

Spirit 1 Call, please call.

吉井　ということは、人間が科学技術を利用することは……。

霊人1　この地球を破壊する方向でしかないですよね。

磯野　グレタ・トゥーンベリさんに影響を与えている存在は、あなただけですか。それとも、誰か別の存在がいますか。

霊人1　グレタ・トゥーンベリに誰か別の存在……。うーん。私以外にも一人いますけど。

磯野　それは誰ですか。

霊人1　呼んでください。呼んでみてください。

6 Another Spirit behind Miss Greta Thunberg's Actions

The spirit who calls himself the "only God" appears

Ryuho Okawa OK. Is there anyone? The spirit who speaks he is Noah, Saint Noah, the old prophet Noah, said so. Is there anyone who has influence on Greta Thunberg from Sweden? Is there anyone who has influence on her? Is there anyone who has influence on her?

[*24 seconds of silence.*]

Spirit 2 Hmm.

Isono Hello.

Spirit 2 Ah?

6　グレタを裏であやつるもう一人の霊人

「唯一神」を名乗る霊の登場

大川隆法　はい。誰かいますか。「自分はノアである。聖人ノア、古代の預言者ノアである」と言っている霊が、そう言っています。スウェーデンのグレタ・トゥーンベリに影響を与えている方がいるでしょうか。彼女に影響を与えている方はいますか。彼女に影響を与えている方はいますか。

（24秒の沈黙）

霊人2　うーん。

磯野　こんにちは。

霊人2　ああ？

Isono Can you hear me?

Spirit 2 Yeah.

Isono Can you speak?

Spirit 2 Yeah. Ah?

Fujii Are you feeling happy? Or not? Are you feeling happy or not?

Spirit 2 I can't understand. Happy, what is happy? Hmm?

Isono Can you tell us your name?

Spirit 2 Name?

Isono Name. Your name.

磯野　聞こえますか。

霊人2　うん。

磯野　話せますか。

霊人2　うん。ああ？

藤井　あなたは幸福ですか。違いますか。幸福感はありますか、ありませんか。

霊人2　わからんな。幸福って、幸福とは何だ。うん？

磯野　お名前を教えていただけますか。

霊人2　名前？

磯野　名前です。あなたのお名前です。

Spirit 2 Hmm? Hmm… Hmm? [*Questions himself for 56 seconds.*] Hmm.

Yoshii Are you thinking of something?

Spirit 2 Hmm?

Yoshii Are you thinking?

Spirit 2 Hmm. I am the God.

Isono You are the God?

Spirit 2 Uh huh.

Isono "The" God?

Spirit 2 Uh, "the" God. Only God. Just sleeping.

霊人2　うん？　うん……うん？（56秒間、自問）うーん。

吉井　何か考えていますか。

霊人2　うん？

吉井　考えているのですか。

霊人2　うーん。私は神だ。

磯野　神であると。

霊人2　そう。

磯野　唯一神ですか。

霊人2　ああ、唯一神。ただ一人の神。ちょっと寝てたけど。

The leader of the Russian Revolution declares the resurrection of Russia

Isono Then, you must have a name.

Spirit 2 Umm.

Isono Could you please tell us your name?

Spirit 2 Lenin.

Isono Sorry?

「ロシアの復活」を宣言する革命指導者

磯野　では、お名前があると思います。

霊人2　うーん。

磯野　お名前を教えていただけますか。

霊人2　レーニン。

磯野　何とおっしゃいましたか？

レーニン（1870 ～ 1924）
ロシアの革命家・政治家。学生時代から革命運動に参加。1917 年、ロシア革命を成功させ、史上初の社会主義国家ソビエト連邦を樹立し、ソ連の初代最高指導者を務めた。

Vladimir Lenin (1870 – 1924)
A Russian revolutionary and politician who started his revolutionary activities when he was still in school. After the Russian Revolution in 1917, he established the Union of Soviet Socialist Republics (Soviet Union, USSR) and became its first leader.

Fujii Lenin?

Lenin Lenin.

Isono Lenin from Russia.

Lenin Russia. King. Yeah.

Isono And you have influence on Greta Thunberg.

Lenin Yeah, to destroy other countries.

Isono Why did you choose her?

Lenin She is one possibility. People will hear a 16-year-old girl's voice. It's a genuine word, no calculation. So, believe in her. She will be a great world teacher. She wants to destroy America, China, Japan, Germany,

藤井　レーニン？

レーニン　レーニン。

磯野　ロシアのレーニンですか。

レーニン　ロシア。王だ。そう。

磯野　そして、グレタ・トゥーンベリに影響を与えていると。

レーニン　そう。他国を滅ぼすために。

磯野　なぜ彼女を選んだのですか。

レーニン　一つの可能性としてさ。人は16歳の少女の声なら聞くんだよ。心からの言葉で、計算ずくじゃないから。だから、あの子を信じることだ。あの子は偉大な〝世界教師〟になるよ。アメリカや中国や日本やドイツやフランス

France. [*Laughs.*]

Isono She also hates Russia.

Lenin No, no, no. No, no, it's not, it's not. No. Russia is making resurrection again.

Fujii I think you were a leader of the Russian Revolution.

Lenin Yeah.

Fujii What was the meaning of…

Lenin God of Russia.

Fujii What was the purpose of your revolution?

Lenin Yeah. Russia should be the center of the world.

を破壊したがってるんで（笑）。

磯野　彼女はロシアも嫌っています。

レーニン　ノー、ノー、ノー。ノー、ノー、違う違う。ノー。ロシアは再び復活するところなので。

藤井　あなたはロシア革命の指導者であったと思います。

レーニン　そうだよ。

藤井　その意味は……。

レーニン　ロシアの神だから。

藤井　あなたの革命の目的は何だったのですか。

レーニン　ああ。ロシアが世界の中心でなきゃいけないん

Fujii But you killed many people.

Lenin No, no, no. We were killed by Hitler.

Fujii Are you more than Hitler?

Lenin I didn't kill so many people. I killed just millions of people, so it's quite few. Yeah, it's very few people.

Isono You said you are the God of Russia. And…

Lenin And Scandinavian countries are under the control of Russia.

Isono Uh huh. Do you give inspiration to President Putin?

だよ。

藤井　しかし、あなたは多くの人々を殺しました。

レーニン　いや、いや、いや。われわれがヒトラーに殺されたんであって。

藤井　あなたはヒトラー以上であると？

レーニン　私はそんなに大勢殺してないよ。たった何百万人か殺しただけで、全然少ない。そう、すごく少ない。

磯野　ご自分を、ロシアの神だと言われましたが……。

レーニン　スカンジナビア諸国も、ロシアの支配下にあるので。

磯野　なるほど。プーチン大統領にはインスピレーションを与えていますか。

Lenin President Putin? Umm… I don't have a good connection with him. He denies us. Yeah, I mean, Lenin and Stalin.

レーニン　プーチン大統領？　うーん……。彼とはあまり
いい関係じゃないんで。われわれを否定してるんだよな。
そう、だから、レーニンとスターリンを。

7 Why the Spirit Wants to Spread the Global Warming Theory

Why he wants to stop the CO_2 emission of advanced countries

Yoshii You destroyed several civilizations. What do you want to realize?

Lenin My main point is, it's time for us, the northern part of the Earth that includes snow and ice. It's our age. Yeah. We must be the center. So, I want to stop the modern development of other countries.

Isono So, you want to stop the progress of other countries by using the global warming problem, correct?

Lenin Yeah. Yeah, yeah. If they use CO_2 more and more, it will make the global warming; it will make

7　地球温暖化説を世界に広める 真のねらいは

先進国の CO_2 排出を止めたい理由

吉井　あなたは、いくつかの文明を破壊しました。何を実現したいのですか。

レーニン　一番は、「われらの時代が来た」ということだ。雪と氷を含んだ、地球の北部の時代が来た。私たちの時代なのよ。そう。私たちが中心にならなきゃいけない。だから、他国の近代的発展を止めたいわけよ。

磯野　では、地球温暖化問題を使って他国の発展を止めたいと。そういうことですか。

レーニン　そう。そう、そう。彼らが CO_2 を出せば出すほど地球温暖化が進んで、地球がどんどん暑くなって、

the Earth hotter and hotter, and it will prevent the "iceberg age"[*] from coming. If the iceberg age comes, they will be under… their civilization will be under the ice, and we will be a Greenland-like country. Yeah. "Green-full" country.

Yoshii I think just stopping the progress of other countries, other civilizations, will not be enough to make the north part of Europe including Russia prosper. What do you think about that?

Lenin Yeah. I think that the next age, next civilization will come in the near future, and at that time, Russia and Scandinavian people will be the center of the world. The other people, some will be of course under the worldwide flooding, and others will be under the iceberg. Yeah. Climate change is just a plan by us.

---

[*] The spirit used the term "iceberg age." It is left as it was spoken.

〝氷山期〟（注）が来るのが妨げられてしまう。氷山期が来れば、彼らは……彼らの文明は氷の下に埋もれて、私たちはグリーンランドみたいな国になる。そう、緑豊かな国になる。

吉井　他国や他の文明の発展を止めるだけでは、ロシアを含めたヨーロッパ北部が繁栄するには足りないと思います。その点については、どう思われますか。

レーニン　ああ。次の時代、次の文明が近いうちに来るので、そうなればロシアとスカンジナビアの人々が世界の中心になるのよ。それ以外の人間は当然、世界的な洪水で沈むか、氷山の下に埋もれるかで。そう。気候変動は私たちが計画してやってることだから。

（注）「氷河期」を指す英語は「ice age」であり、「iceberg age」という英語は通常ないが、霊人の発言のままとし、「氷山期」との訳語をあてる。

Yoshii So, you have spiritual influence on the real climate change?

Lenin Yeah. If I can succeed in stopping using the oil or gas or other CO_2 emissions, the economic growth of other countries will stop, and Russia will be the center of the next century. Hmm.

Yoshii I think if Russia were the center of the world, there would need to be a tool to rule other countries. To rule other countries, I think you need some technologies. So, I mean…

Lenin No, no, no, they would just perish. They would be perished, and we would survive and we can control our country and our followers.

Yoshii So, the political system with you as the emperor is totalitarianism?

吉井　では、あなたは現実の気候変動に、霊的な影響を与えているのですか。

レーニン　そう。石油や天然ガスやその他の CO_2 排出を止めることができたら、他国の経済成長がストップして、ロシアが来世紀の中心になるよ。うん。

吉井　ロシアが世界の中心になるとしたら、他国を支配する道具が要ると思います。他国を支配するためには、何らかの科学技術が必要だと思います。ですから……。

レーニン　いや、いや、いや、彼らは滅びるだけだから。滅びて、私たちが生き残って、自国と従う国々を支配するんで。

吉井　では、あなたを皇帝とする政治システムは、全体主義ですか。

Lenin Not totalitarian. One country system.

Yoshii So, one country system is, the system itself is very similar to China's political system.

Lenin No, no. China is finished with its destiny already. Japan also, and the United States of America and India, also. They will be perished because of the greater population problem, and they should die. We are the next emergent, the next people who have sovereignty over this world.

Fujii So, you mean the global warming theory is just a tool to stop…

Lenin Yeah. Tool.

Fujii …the other countries' progress?

Lenin Another tool. Another tool to kill advanced

レーニン　全体主義じゃなくて、「一国制度」だよ。

吉井　では、一国制度は、その制度自体は中国の政治体制とよく似ています。

レーニン　いや、いや。中国は、すでに命運が尽きてる。日本もそうだし、アメリカもそうだし、インドもそう。彼らは人口増加問題で滅びて死に絶えることになるので、私たちが「次の新興国」になる。世界の「次なる統治民族」になる。

藤井　では、地球温暖化理論は他国の発展を止めるための道具に……。

レーニン　そう。道具なのよ。

藤井　……すぎないわけですね。

レーニン　新たな道具だから。先進国を殺して、止めて、

countries, stop them, and make them decline. Yeah.

Fujii You don't believe in global warming theory, actually?

Lenin Ahaha. Global warming theory…

Fujii You don't believe it? It's just a tool?

Lenin …is not correct. Yeah. It was 10,000 years ago, which started in the end of the eternal ice age, and there became the warm climate these 10,000 years. Next will come the iceberg age again, and at that time, we can live in a warm country, but some other countries will be underwater and some will be under the iceberg. The pole will shift in the near future, I think. I'm aiming at not changing the climate, but I'm aiming at changing the Earth's condition. I, once, was

衰退させるための、新たな道具なのよ。そう。

藤井　実際には地球温暖化説を信じてはいないのですね。

レーニン　アハハ。地球温暖化説なんか……。

藤井　信じていない、単なる道具であると。

レーニン　……正しくないし。そう。１万年前に永い氷河期が終わったときに始まって、この１万年間、気温が温暖になって、次はまた〝氷山期〟が来て、そのとき、私たちは暖かい国で生きていけるけど、他国は海の底に沈んだり、氷山の下に埋もれたりするわけよ。近い未来に地軸変動が起きるだろうよ。私が目論んでいるのは「気候変動」じゃなくて、「地球の状態変動」だから。私はかつてオーディンの敵だったんで、地球の〝次なる王〟は私だね。

the enemy of Odin, so I will be the next king of this Earth.

Greta will be "a new Christ"

Yoshii OK. So, your dream is to make more people obey you.

Lenin Uh huh.

Yoshii Is that your top priority?

Lenin Obey?

Yoshii Obey, or make people follow you.

Lenin Ah. No, no, no. Just Greta Thunberg says something, and people will somewhat obey her. She will be a new Christ in the near future, in the area of climate change and global warming. New religious

グレタは「新たなキリスト」になる

吉井　はい。では、あなたの夢は、もっと多くの人を従わせることですね。

レーニン　そう。

吉井　それがあなたの最優先事項ですか。

レーニン　従うって？

吉井　従う、つまり人々について来させるということです。

レーニン　ああ。いや、いや、いや。グレタ・トゥーンベリが何か言うだけで、人々はある程度あの子に従うんで。あの子はそのうち、気候変動や地球温暖化の分野で〝新たなキリスト〟になるよ。新たな宗教指導者になって、もち

leader, she will be, and she will perish Happy Science, of course. This is the end of you.

Yoshii So now, you are the most powerful teacher to her.

Lenin Yeah, I'm God. Just God. I am using our Noah, and through Noah, to her.

Isono Was it the real Noah who spoke before you came?

Lenin There are a lot of Noahs.

Isono A lot of Noahs.

Lenin Yeah.

Fujii Just a messenger for you?

ろんハッピー・サイエンスも潰してくれるから。それが君
たちの最期だね。

吉井　あなたは今、彼女にとって最もパワフルな指導者で
あるわけですね。

レーニン　そう、神だから。まさに神なんで、われわれの
ノアを使って、ノアを通して彼女を使ってるところなのよ。

磯野　あなたが来る前に話していた人は、本物のノアなの
ですか。

レーニン　ノアなんて、たくさんいるんで。

磯野　たくさんいると。

レーニン　そう。

藤井　あなたのメッセンジャーですか。

Lenin [*Sighs.*]

Fujii Is this the casting for this world?

Lenin He was my disciple. One of my disciples of the old age (in my past life). He admired me.

"Climate change revolution" for the people of the north part of the Earth

Lenin Don't you think that this is possible or it is recommendable that the Scandinavian area and the north part of Russia become the center of the Earth, that the other countries are declining and finish their histories, and that the history of the Earth will be changed or rewritten by other people?

Isono We know that the center of the world has been changing for a very long time.

レーニン　（ため息）

藤井　それがこの世での配役というわけですか。

レーニン　私の弟子だよ。古代の（過去世のときの）弟子の一人。私を崇拝していた人間です。

地球の北部のための「気候変動革命」

レーニン　「こういうのもあり得る」とか、「望ましい」とか思わないかねえ。スカンジナビア地方やロシアの北部が地球の中心になって、他国が衰退してその歴史を終えて、別の民族によって地球の歴史が変わるというか、書き直されるというのは。

磯野　私たちは、非常に長い期間にわたって世界の中心が変遷してきたことを知っています。

Lenin Uh huh.

Isono But today, this time, the United States and Japan are the center of the world now.

Lenin No, no, no.

Isono We think so.

Lenin Finished already.

Isono No, no.

Lenin And China will be finished.

Isono By following Master Okawa's teachings, the U.S. and Japan will create the golden age.

Lenin No, no, no, no. It's a dream, just a dream. She has a dream, also. Her dream, only 16-year-old young

レーニン　なるほど。

磯野　しかし今日、今の時代は、アメリカと日本が世界の中心です。

レーニン　いや、いや、いや。

磯野　私たちはそう思っています。

レーニン　もう終わってるのよ。

磯野　いえ、いえ。

レーニン　中国も終わるし。

磯野　大川総裁の教えに従うことによって、アメリカと日本がゴールデン・エイジを築いていくのです。

レーニン　いや、いや、いや、いや。そんなのは夢だよ、ただの夢。夢なら彼女だって持ってるし。まだ16歳の少

girl's. Her dream.

Yoshii There are various young activists around the world now. How do you define your revolution?

Lenin Ah! The first step is to destroy the advanced countries, and next is to make new powers occur from the north part of the Earth, yeah. They are suffering a lot by dint of snow or ice or cold weather, so it's time.

Yoshii So, it's one kind of climate change revolution.

Lenin Yeah, climate change revolution. So, the people who are living in the cold area will be the next champion of the world. This is the main point. So, you are dying.

Isono OK. Now, we could understand the basic concept of your thinking. I think this is enough for

女の夢だけど。

吉井　今、世界中にさまざまな若い活動家たちがいます。あなたの革命を、どう定義されますか。

レーニン　ああ！　第一段階は「先進国の破壊」で、次は「地球の北方から新たな勢力を興すこと」です、そう。彼らは雪や氷や寒い気候ですごく苦しんでるんで、今こそ、その時です。

吉井　それは、ある種の「気候変動革命」ということでしょうか。

レーニン　そう、気候変動革命。だから、寒帯に住んでる人たちが、次世代の世界チャンピオンになる。そこが一番の要であって、君たちは死に至る。

磯野　はい。あなたの基本的な考え方はわかりましたので、本日はもう十分かと思います。

today.

Lenin Oh, really?

Isono Yes. Maybe…

Lenin Then, you really got the name of the real God, yeah. Yeah, it's great for you, great discovery. It's a resurrection of Lenin.

Isono Uh huh.

Lenin Yeah.

Isono Thank you very much. Thank you for today.

Lenin Greta is a fighting girl like the… yeah, the French…

レーニン　えっ、そうなの。

磯野　はい、たぶん……。

レーニン　ということで、まさに〝本当の神の名〟がわかったわけだ、ね。そう、すごいじゃない、大発見だよ。「レーニンの復活」だ。

磯野　なるほど。

レーニン　うん。

磯野　ありがとうございます。本日はありがとうございました。

レーニン　グレタは戦う少女だよ。そう、例のフランスの……。

Isono Jeanne d'Arc (Joan of Arc)?

Lenin …Jeanne d'Arc-like fighting lady for climate change. She believes in the theory, so it's lucky for me to use her, yeah.

Isono OK. Thank you very much.

Lenin Is it enough?

Isono Yes.

Lenin OK. Ha, your real God's name is Lenin, yeah.

Isono OK, thank you very much.

磯野　ジャンヌ・ダルクですか。

レーニン　……ジャンヌ・ダルクみたいな、気候変動のために戦う女戦士ね。あの子はその説を信じ込んでるんで、私としては、あの子が使えてラッキーだよなあ、ほんとに。

磯野　はい。ありがとうございました。

レーニン　もういいの？

磯野　はい。

レーニン　そうか。なあ、君たちの本当の神の名は「レーニン」だからね。

磯野　はい、ありがとうございました。

8 After the Spiritual Interviews

Ryuho Okawa OK, thank you, bye-bye [*claps four times*].

Ah. Hmm. The truth is a little different. I think global warming started about 10,000 years ago. At that time, the north part of the Earth was covered with snow and ice, and after the global warming started, there occurred the green area in the north part... for example, the U.K. and the Scandinavian area and some part of the Russian area. At that time, there appeared Odin's ideal country. Odin's name is very famous.

After that, there came another civilization. It was in the south part of Europe, around the Mediterranean Sea. It was made by •Hermes and •Zeus, around Egypt

●Hermes
One of the Olympian gods of Greek Mythology. He was a real hero of Greece 4,300 years ago. He is a branch soul of El Cantare, God of the Earth, who taught teachings of love and progress and brought prosperity all over Greece.
●Zeus
The main Olympian god of Greek Mythology. He was a real person who ruled Greece 3,600 years ago. He is one of the grand spirits of the ninth dimension, the highest world for human souls.

8　霊言を終えて

大川隆法　はい、ありがとう。さようなら。（4回手を叩く）

　ああ。うーん。真実は少し違います。私としては、地球温暖化は1万年ほど前に始まったと思っています。当時は地球の北のほうは雪と氷に覆われていましたが、地球温暖化が始まると北のほうに……イギリスの北部やスカンジナビア周辺、ロシアの一部地域などに、緑に覆われた地域が出てきて、その頃、そこにオーディンの理想郷が出現したわけです。オーディンの名は非常によく知られています。

　その後、別の文明が出て来ました。ヨーロッパ南部の地中海周辺で、ヘルメスやゼウスによって創られたものです。エジプトやギリシャやイタリアのあたりです。その次が、

●ヘルメス　ギリシャ神話で「オリンポス十二神」の一柱として知られる神であるが、4300年前にギリシャに実在した英雄である。地球神エル・カンターレの魂の分身の一人。「愛」と「発展」の教えを説き、全ギリシャに繁栄をもたらした。
●ゼウス　ギリシャ神話における「オリンポス十二神」の主宰神であるが、3600年前の実在の人物であり、ギリシャを支配した。人霊としての最高領域である9次元大霊の一人。

or Greece and Italy. Next were Israel and the other parts of Europe, and of course, another pole was the Asian part like China and Japan.

So, yeah, this is maybe indeed the collision of civilizations. Greta Thunberg is indeed the messenger of expansionism from the north part of the Earth. One is Russia, and the Scandinavian countries, also. So, I can understand their desire.

But they should know that, at that time, their God was Odin, not Yahweh. They had already mistaken their God's name, I think.

So, my conclusion is that Greta has very keen attention to climate justice and cutting the emission of CO_2, but she is one tool of a demonish god. Now another collision of civilizations is occurring. They are expecting that.

But Vladimir Putin has a little different opinion. We have much concern about Russia, and we should be friends with Russia and make Russia come into the Western society. I said G7 should add one

イスラエルやヨーロッパの他の地域です。そして、もちろん他の極としては、中国や日本などのアジア地域もありました。

ですから、はい、これは、まさに「文明の衝突」かもしれませんね。グレタ・トゥーンベリは、まさに地球北部の拡張主義のメッセンジャーなわけです。一つがロシアで、さらにはスカンジナビア諸国です。彼らの願いは理解できなくもありません。

ただ、彼らが知るべきは、「当時の神はオーディンであり、ヤハウェではない」ということです。すでに神の名を間違えていたのではないかと思います。

ですから私の結論としましては、グレタは気候正義とCO_2の排出削減にきわめて強い関心を抱いてはいますが、「〝悪魔的な神〟の道具の一つになっている」ということです。まさに、新たな「文明の衝突」が起きているわけです。彼らはそれを期待しています。

ただ、ウラジーミル・プーチンの意見は少し別です。私たちはロシアに大いに関心を持っていますし、ロシアの友人であるべきですし、ロシアに西側社会に入ってもらうべきです。私は、「G7にロシアという一国を加えて、再び

country, Russia, into G8 again, I recommended so, and President Trump and Prime Minister Abe also recommended so.

So, this is really a problem of the future of Russia, yeah. In the Russian area, there is some kind of hope to be the champion of the world. There are Lenin and Stalin, these two devils have influence on Russia and other countries, so we must prepare for them.

Ah, I got one conclusion. So, this is the reason why. Thank you very much.

G8 にすべきである」と勧めましたし、トランプ大統領や安倍首相もそれを勧めていました。

　これは「ロシアの未来に関する問題」にほかならないわけですね。ロシアの地域には、世界の覇者<ruby>覇者<rt>はしゃ</rt></ruby>になりたいという希望のようなものがあるわけです。レーニンとスターリンがそこにいて、この二体の悪魔がロシアや他国に影響を及ぼしているので、私たちも彼らに対して備えておかねばなりません。

　ひとつの結論が出ましたね。これが理由だったわけです。ありがとうございました。

Afterword

We already know that there is a China-related group behind the left wing environmental activist Ms. Greta. Of course, this is not something that a 16-year-old girl can do. The purpose is to prevent President Trump from becoming re-elected. China, which is causing the most problems with CO_2 emission, is urging this.

Also, in this book, we found that the spirit of Lenin, the leader of the Russian Revolution, is behind the scene.

I mean that Greta's activity only seems righteous, but is actually a "Communism Revival Movement" disguised as environmental liberalism. Ask yourself, who will benefit by pressuring the liberalist and capitalist countries to eliminating CO_2 emissions completely by 2050? You'll realize who this is if you think about

あとがき

　グレタ氏の環境左翼運動には、中国系のグループが背後
についていることが既に指摘されている。16歳の少女に
できることではないから当然だろう。その目的は、トラン
プ米大統領の再選阻止だろう。一番 CO_2 の排出が問題の
中国が裏であおっているのだ。

　本書では、さらに黒幕として、ロシア革命の指導者、レー
ニンの霊がいることを探りあてた。

　要するに、グレタ氏の運動は正論に見えて、実は環境左
翼に名をかりた〝共産主義復興運動〟なのだ。自由主義・
資本主義国を2050年までに CO_2 排出「0」に追い込んで、
利益をうけるのは一体誰か。考えれば分かる。だまされて
はいけない。これは「気候正義」の問題ではなく「世界正
義」の問題だ。

that. You mustn't be deceived. The issue is not about "Climate Justice" but about "World Justice."

Oct. 25, 2019

Master & CEO of Happy Science Group

Ryuho Okawa

2019 年 10 月 25 日

幸福の科学グループ創始者兼総裁

大川隆法

『CO₂排出削減は正しいか』大川隆法著作関連書籍

『太陽の法』
『「ノアの箱舟伝説」は本当か』
『マイティ・ソーとオーディンの北欧神話を霊査する』
（いずれも幸福の科学出版刊）

CO_2排出削減は正しいか

なぜ、グレタは怒っているのか？

2019 年 11 月 8 日　初版第 1 刷

著　者　　大川隆法

発行所　　幸福の科学出版株式会社

〒107-0052 東京都港区赤坂 2 丁目 10 番 8 号
TEL(03)5573-7700
https://www.irhpress.co.jp/

印刷・製本　　株式会社 堀内印刷所

イランの反論

ロウハニ大統領・ハメネイ師 守護霊、ホメイニ師の霊言

サウジ石油施設攻撃の真の黒幕とは。調停役の日本が知っておくべき背景情報と方策とは。さらに、イラン指導層の驚きの過去世と、日本との深い縁が明かされる一冊。

1,400円

ジョシュア・ウォン守護霊の英語霊言

自由を守りぬく覚悟

英語霊言
日本語訳付き

勇気、自己犠牲の精神、そして、自由への願い──。22歳の香港デモリーダー、ジョシュア・ウォン氏の守護霊が語る、香港民主化の願いと日本への期待。

1,400円

The Age of Mercy
慈悲の時代

宗教対立を乗り越える「究極の答え」

英語説法
日本語訳付き

慈悲の神が明かす「真実」が、世界の紛争や、宗教と唯物論の対立に幕を下ろし、人類を一つにする。イスラム教国・マレーシアでの英語講演も収録。

1,500円

幸福の科学出版

習近平の娘・習明沢の
守護霊霊言

―「14 億人監視社会」陰のリーダー
の"本心"を探る―

2030年から35年に米国を超え、世界制覇の野望を抱く中国。その「監視社会」を陰で操る、習近平の娘・習明沢の恐るべき計画とは。毛沢東の後継者・華国鋒の霊言も収録。

1,400円

オスカー・ワイルドの霊言

ほんとうの愛と LGBT 問題

英語霊言
日本語訳付き

世界で広がるLGBTの新しい波。同性愛はどこまで許されるのか。真の愛、真の美とは何であるのか。イギリス世紀末文学の代表的作家が、死後119年目の本心を語る。

1,400円

映画監督サム・ライミが
描く光と闇

―Deep Into "Sam Raimi"―

英語霊言
日本語訳付き

闇を知ることは、光を知ることになる。映画界の巨匠が語る「悪霊」「憑依」「エクソシスト」、そして「神」。「スパイダーマン」シリーズからホラーまで、その創作の秘密に迫る!

1,400円

※表示価格は本体価格(税別)です。

マイティ・ソーとオーディンの北欧神話を霊査する

「正義」と「英雄」の時代が再びやってくる
──。巨人族との戦い、魔術と科学、宇宙間
移動など、北欧神話の神々が語る「失われた
古代文明」の真実。

1,400円

「ノアの箱舟伝説」は本当か
大洪水の真相

人類の驕りは、再び神々の怒りを招くのか!?
大洪水伝説の真相を探るなかで明らかに
なった、天変地異や異常気象に隠された天
意・神意とは。

1,400円

赤い皇帝
スターリンの霊言

旧ソ連の独裁者・スターリンは、戦中・戦後、
そして現代の米露日中をどう見ているのか。
共産主義の実態に迫り、戦勝国の「正義」を
糺す一冊。

1,400円

幸福の科学出版

出会えたひと、すべてが宝物。

限りある人生を、あなたはどう生きますか？
世代を超えた心のふれあいから、「生きるって何？」を描きだす。

ドキュメンタリー映画

光り合う生命。

—心に寄り添う。2 —

企画／大川隆法

メインテーマ「光り合う生命。」 挿入歌「青春の輝き」 作詞・作曲／大川隆法

出演／希島 凜　渡辺優凜　監督／奥津貴之　音楽／水澤有一　製作／ARI Production　配給／東京テアトル　©2019 ARI Production

全国の幸福の科学支部・精舎で公開中！

幸福の科学グループのご案内

宗教、教育、政治、出版などの活動を通じて、地球的ユートピアの実現を目指しています。

幸福の科学

1986年に立宗。信仰の対象は、地球系霊団の最高大霊、主エル・カンターレ。世界100カ国以上の国々に信者を持ち、全人類救済という尊い使命のもと、信者は、「愛」と「悟り」と「ユートピア建設」の教えの実践、伝道に励んでいます。

（2019年10月現在）

愛 　　　幸福の科学の「愛」とは、与える愛です。これは、仏教の慈悲や布施の精神と同じことです。信者は、仏法真理をお伝えすることを通して、多くの方に幸福な人生を送っていただくための活動に励んでいます。

悟り 　　「悟り」とは、自らが仏の子であることを知るということです。教学や精神統一によって心を磨き、智慧を得て悩みを解決すると共に、天使・菩薩の境地を目指し、より多くの人を救える力を身につけていきます。

ユートピア建設 　　私たち人間は、地上に理想世界を建設するという尊い使命を持って生まれてきています。社会の悪を押しとどめ、善を推し進めるために、信者はさまざまな活動に積極的に参加しています。

海外支援・災害支援

国内外の世界で貧困や災害、心の病で苦しんでいる人々に対しては、現地メンバーや支援団体と連携して、物心両面にわたり、あらゆる手段で手を差し伸べています。

自殺を減らそうキャンペーン

年間約2万人の自殺者を減らすため、全国各地で街頭キャンペーンを展開しています。

公式サイト www.withyou-hs.net

ヘレンの会

ヘレン・ケラーを理想として活動する、ハンディキャップを持つ方とボランティアの会です。視聴覚障害者、肢体不自由な方々に仏法真理を学んでいただくための、さまざまなサポートをしています。

公式サイト www.helen-hs.net

入会のご案内

幸福の科学では、大川隆法総裁が説く仏法真理をもとに、「どうすれば幸福になれるのか、また、他の人を幸福にできるのか」を学び、実践しています。

入 会

仏法真理を学んでみたい方へ

大川隆法総裁の教えを信じ、学ぼうとする方なら、どなたでも入会できます。入会された方には、『入会版「正心法語」』が授与されます。

ネット入会 入会ご希望の方はネットからも入会できます。

happy-science.jp/joinus

三帰
誓願

信仰をさらに深めたい方へ

仏弟子としてさらに信仰を深めたい方は、仏・法・僧の三宝への帰依を誓う「三帰誓願式」を受けることができます。三帰誓願者には、『仏説・正心法語』『祈願文①』『祈願文②』『エル・カンターレへの祈り』が授与されます。

仏法真理塾「サクセスNo.1」

全国に本校・拠点・支部校を展開する、幸福の科学による信仰教育の機関です。小学生・中学生・高校生を対象に、信仰教育・徳育にウエイトを置きつつ、将来、社会人として活躍するための学力養成にも力を注いでいます。

TEL 03-5750-0751（東京本校）

エンゼルプランV　　**TEL** 03-5750-0757
幼少時からの心の教育を大切にして、信仰をベースにした幼児教育を行っています。

不登校児支援スクール「ネバー・マインド」　　**TEL** 03-5750-1741
心の面からのアプローチを重視して、不登校の子供たちを支援しています。

ユー・アー・エンゼル！(あなたは天使！)運動
一般社団法人 ユー・アー・エンゼル　**TEL** 03-6426-7797
障害児の不安や悩みに取り組み、ご両親を励まし、勇気づける、
障害児支援のボランティア運動を展開しています。

NPO活動支援

学校からのいじめ追放を目指し、さまざまな社会提言をしています。また、各地でのシンポジウムや学校への啓発ポスター掲示等に取り組む一般財団法人「いじめから子供を守ろうネットワーク」を支援しています。

公式サイト **mamoro.org**　ブログ **blog.mamoro.org**
相談窓口 **TEL.03-5544-8989**

百歳まで生きる会

「百歳まで生きる会」は、生涯現役人生を掲げ、友達づくり、生きがいづくりをめざしている幸福の科学のシニア信者の集まりです。

シニア・プラン21

生涯反省で人生を再生・新生し、希望に満ちた生涯現役人生を生きる仏法真理道場です。定期的に開催される研修には、年齢を問わず、多くの方が参加しています。全世界211カ所（国内196カ所、海外15カ所）で開校中。

【東京校】**TEL** 03-6384-0778　**FAX** 03-6384-0779
メール **senior-plan@kofuku-no-kagaku.or.jp**

政治

幸福実現党

<ruby>内憂外患<rt>ないゆうがいかん</rt></ruby>の国難に立ち向かうべく、2009年5月に幸福実現党を立党しました。創立者である大川隆法党総裁の精神的指導のもと、宗教だけでは解決できない問題に取り組み、幸福を具体化するための力になっています。

幸福実現党 釈量子サイト
shaku-ryoko.net

Twitter
釈量子@shakuryoko
で検索

党の機関紙
「幸福実現NEWS」

 # 幸福実現党 党員募集中

あなたも幸福を実現する政治に参画しませんか。

○ 幸福実現党の理念と綱領、政策に賛同する18歳以上の方なら、どなたでも参加いただけます。

○ 党費：正党員（年額5千円［学生 年額2千円］）、特別党員（年額10万円以上）、家族党員（年額2千円）

○ 党員資格は党費を入金された日から1年間です。

○ 正党員、特別党員の皆様には機関紙「幸福実現NEWS（党員版）」（不定期発行）が送付されます。

＊申込書は、下記、幸福実現党公式サイトでダウンロードできます。
住所：〒107-0052　東京都港区赤坂2-10-8 6階 幸福実現党本部

TEL 03-6441-0754　FAX 03-6441-0764
公式サイト **hr-party.jp**

幸福の科学出版

大川隆法総裁の仏法真理の書を中心に、ビジネス、
自己啓発、小説など、さまざまなジャンルの書籍・雑誌を出版しています。他にも、映画事業、文学・学術発展のための振興事業、テレビ・ラジオ番組の提供など、幸福の科学文化を広げる事業を行っています。

アー・ユー・ハッピー？
are-you-happy.com

ザ・リバティ
the-liberty.com

幸福の科学出版
TEL 03-5573-7700
公式サイト irhpress.co.jp

ザ・ファクト
マスコミが報道しない
「事実」を世界に伝える
ネット・オピニオン番組

YouTubeにて
随時好評
配信中！

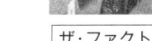

| ザ・ファクト | 検索 |

NEW STAR PRODUCTION

ニュースター・プロダクション

「新時代の美」を創造する芸能プロダクションです。多くの方々に良き感化を与えられるような魅力あふれるタレントを世に送り出すべく、日々、活動しています。

公式サイト newstarpro.co.jp

ARI Production

ARI Production
アリ プロダクション

タレント一人ひとりの個性や魅力を引き出し、「新時代を創造するエンターテインメント」をコンセプトに、世の中に精神的価値のある作品を提供していく芸能プロダクションです。

公式サイト aripro.co.jp

大川隆法　講演会のご案内

大川隆法総裁の講演会が全国各地で開催されています。講演のなかでは、毎回、「世界教師」としての立場から、幸福な人生を生きるための心の教えをはじめ、世界各地で起きている宗教対立、紛争、国際政治や経済といった時事問題に対する指針など、日本と世界がさらなる繁栄の未来を実現するための道筋が示されています。

2019年5月14日 幕張メッセ「自由・民主・信仰の世界」

2019年10月6日 ザ ウェスティン ハーバー キャッスル トロント(カナダ) 「The Reason We Are Here」

2019年3月3日 グランド ハイアット 台北(台湾) 「愛は憎しみを超えて」

2019年7月5日 福岡国際センター 「人生に自信を持て」

2019年7月13日 ホテル イースト21 東京 「幸福への論点」

講演会には、どなたでもご参加いただけます。
最新の講演会の開催情報はこちらへ。　⟹

大川隆法総裁公式サイト
https://ryuho-okawa.org